AF411277

DE LA CONDITION JURIDIQUE

DES

INDIGÈNES EN ALGÉRIE

DANS LES COLONIES

ET DANS LES PAYS DE PROTECTORAT

THÈSE POUR LE DOCTORAT

PAR

Charles APCHIÉ

AVOCAT A LA COUR D'APPEL

PARIS

LIBRAIRIE NOUVELLE DE DROIT ET DE JURISPRUDENCE

ARTHUR ROUSSEAU, ÉDITEUR

14, RUE SOUFFLOT ET RUE TOULLIER, 13

1898

THÈSE DE DOCTORAT

DE LA CONDITION JURIDIQUE

DES

INDIGÈNES EN ALGÉRIE

DANS LES COLONIES

ET DANS LES PAYS DE PROTECTORAT

THÈSE POUR LE DOCTORAT

*L'acte public sur les matières ci-après sera soutenu
le lundi 19 décembre 1898, à 2 heures 1/2*

PAR

CHARLES APCHIÉ

AVOCAT A LA COUR D'APPEL

Président : M. ESTOUBLON.

Suffragants : { MM. DUCROCQ. *Professeur.*
{ PILLET. *Agrégé.*

PARIS

LIBRAIRIE NOUVELLE DE DROIT ET DE JURISPRUDENCE

ARTHUR ROUSSEAU, ÉDITEUR

14, RUE SOUFFLOT ET RUE TOULLIER, 13

1898

DE LA

CONDITION JURIDIQUE DES INDIGÈNES

EN ALGÉRIE, DANS LES COLONIES FRANÇAISES

ET DANS

LES PAYS DU PROTECTORAT

PRÉFACE

Bien que cette thèse ait pour titre général : de la condition juridique des indigènes de l'Algérie des colonies et des pays de protectorat, c'est principalement des indigènes algériens que nous nous sommes occupé. Nous avons d'abord fait une partie générale où nous avons exposé les principes de la colonisation et où nous avons passé en revue notre empire colonial et les populations qui l'occupent tout en exposant rapidement leur situation juridique surtout au point de vue de la nationalité.

Ensuite nous sommes entré dans des détails sur les lois civiles, pénales, politiques et administratives. C'est alors que nous nous sommes occupé principalement des indigènes algériens et que nous les avons pris pour ainsi dire pour point de repaire.

En effet, au point de vue des lois civiles celles qui tiennent le plus aux mœurs et celles auxquelles par conséquent les indigènes sont le plus attachés, sont celles qui règlent le statut personnel et les successions. Et pour ce droit personnel et ces successions, le droit musulman en vigueur chez les Algériens est répandu dans une grande partie de notre empire colonial.

Pour le droit pénal, il faut distinguer le droit pénal proprement dit et les mesures disciplinaires, ou si l'on aime mieux, les règles répressives spéciales aux indigènes, ayant un caractère administratif.

Pour le droit pénal proprement dit, nous nous sommes à peu près borné à expliquer la législation actuelle pour les possessions françaises, où notre Code est en vigueur, même pour les crimes commis par les indigènes entre eux, et quelles sont celles de nos possessions où ces matières étaient réglées par les anciennes lois ou coutumes indigènes. Quant aux règles répressives spéciales aux indigènes que l'administration française a établies dans beaucoup de colonies, elle n'a fait en général que copier ce qui avait été fait pour l'Algérie.

C'est donc encore principalement des Algériens que nous nous sommes occupé.

Nous nous sommes peu appesanti sur la partie administrative et politique dont nous avions déjà eu occasion de parler dans la partie générale.

Enfin, dans une dernière partie, nous avons indiqué certaines réformes à faire et nous avons montré dans le lointain avenir un idéal à réaliser.

PREMIÈRE PARTIE

PRÉLIMINAIRES

CHAPITRE I

PRINCIPES DE COLONISATION

On a souvent reproché aux Français de ne pas être un peuple colonisateur. Nous croyons même que c'est un des principaux reproches qu'on nous a adressés avec celui de ne pas avoir de poëme épique. Or nous avons la chanson de Roland qui n'est pas un pastiche d'Homère comme tous les grands poëmes dont se glorifient les autres peuples.

Les deux reproches se valent à peu près.

Nous avons eu jadis un magnifique empire colonial que l'Angleterre nous a en grande partie enlevé; mais elle a subi un affront qui nous a toujours été, nous sera toujours épargné. Elle a vu ses colons se révolter contre elle. Non pas des indigènes! mais des enfants de la vieille Angleterre! Washington avait, comme la plupart de ses compagnons, porté l'uniforme rouge.

L'Angleterre a perdu les États-Unis; l'Espagne et le Portugal ont vu leurs immenses empires du Mexique et du Brésil leur échapper. Dupleix, Labourdonnais, le malheureux Sally n'ont pu, malgré tous leurs efforts, nous conserver les Indes. Montcalm repose, glorieux, vaincu, dans sa tombe creusée par une bombe. Les Indes et le Canada sont aux Anglais, mais les Canadiens sont encore des Français par le cœur comme par le sang. Nos colonies peuvent être conquises, les indigènes peuvent se soulever contre nous, mais nos colons ont emporté dans leurs cœurs un tel souvenir de la terre de France qu'elle reste toujours pour eux la terre mère, la véritable patrie.

Si l'Angleterre est la première puissance coloniale cela tient à des raisons d'économie sociale et à sa situation géographique. L'Angleterre étant une ile, les questions continentales l'intéressent moins directement que nous; elle est toujours prête à jeter aux quatre coins du globe ses soldats, ses marins et ses colons.

Au point de vue économique, l'agriculteur anglais est plus apte à émigrer que l'agriculteur français. Il y a à cela une raison bien simple : quand un métayer français a amassé un certain pécule, et qu'il veut à son tour devenir propriétaire, il achète une propriété en France. La terre y est assez morcelée pour cela. Il n'en est pas de même en Angleterre : la propriété y est encore sous le régime féodal, et le domaine des Landlords y est indivisible. C'est pourquoi le paysan anglais qui veut devenir propriétaire émigre pour l'Australie, le Cap ou la Nouvelle-Zélande. Il est vrai qu'il y a aussi en France bien des familles sans patrimoine, mais ce sont la plupart du temps des ouvriers des villes auxquels l'agriculture est étrangère et le plus souvent ils n'auraient pas même de quoi payer le plus humble des champs.

Ils ne pourraient demander que des concessions gratuites et ce ne sont pas les concessions gratuites qui font les meilleurs colons. Du reste, les colons anglais ne partent pas seulement pour fuir la grande propriété et chercher la petite. Ce qu'ils abandonnent, c'est une société aristocratique avec tous ses rouages ; et ce qu'il veut chercher, c'est une société démocratique. Sous les Stuarts, les Puritains partirent en masse pour l'Amérique afin d'y trouver Dieu et la liberté.

Ceux qui partent aujourd'hui pour l'Australie ne cherchent plus Dieu car la liberté de conscience existe en Angleterre. On peut dire qu'ils ne vont pas non plus chercher la liberté, car le gouvernement anglais est des plus libéral, mais ce qu'ils désirent trouver c'est la seconde partie de la devise républicaine l'Égalité.

Il résulte de ce qui précède que les colonies anglaises vivent sous un régime social différent de celui de la métropole, il s'en suit que le régime politique doit également différer. Ceci a conduit l'Angleterre à adopter pour ses colonies, le régime de l'autonomie. En effet les colonies anglaises ayant un régime beaucoup plus démocratique que l'Angleterre, leurs représentants ne pouvaient siéger au milieu de la Chambre des Communes. Cela était vrai surtout du temps où la Chambre des Communes n'était composée que des représentants des landlords des comtés, de quelques grandes villes et des bourgs pourris. Cela aurait fait une assemblée trop disparate.

Aussi le système de l'autonomie, donne aux colonies anglaises un parlement local, tandis que le système de l'assimilation pratiqué par la France tend à faire de nos colonies de véritables départements français qui ont dans les assemblées de la métropole leurs députés et leurs sénateurs. On ne peut donc comparer les colonies françaises aux colonies anglaises, car le système de l'autonomie poussé à ces extrêmes conséquences comme l'Angleterre semble l'avoir fait pour le Canada, par exemple, amène au régime que l'on appelle en droit international système de l'union personnelle. C'est-à-dire que deux états, tout en ayant un même souverain ont un gouvernement absolument différent.

Or ceci n'est possible que dans une monarchie. La reine d'Angleterre peut être la souveraine héréditaire du Canada au même titre que des Iles-Britanniques, tandis que le président de la République élu par des électeurs français n'est le premier magistrat des colonies que s'il a été également élu par les voix de leurs représentants.

Si une République voulait accorder l'autonomie à ses colonies, pour être logique, elle devrait, en même temps, leur accorder un Parlement, des ministres et un président spécial. Alors elle n'aurait plus réellement de colonies, mais simplement des Républiques alliées.

Le régime de l'union personnelle ne saurait durer indéfiniment. Et si les colons anglais ont un Parlement spécial, ils finiront tôt ou tard par revendiquer l'autonomie complète, considérant la colonie comme leur seule et véritable patrie.

Là où il y a des nations différentes, il doit y avoir, un jour, des nations indépendantes. Et quand leurs intérêts les sépareront, des nations ennemies.

Il est vrai que l'Espagne, elle aussi, perd ses colonies. Elle ne pratique pas le régime de l'autonomie, et, pas davantage, celui de l'assimilation, mais bien celui de l'assujettissement. En effet, le colon qui quittait l'Espagne pour se fixer dans l'Amérique du Sud ou au Mexique, devenait Péruvien, Mexicain, et cessait par cela même d'être Espagnol. Et ses anciens compatriotes le considéraient à peu de chose près comme un indien d'origine. Il est vrai que l'Espagne accorde aujourd'hui à Cuba des représentants dans ses Cortès, mais il est trop tard. Sur l'acte qui unit Cuba à l'Espagne il y a une tache qui ne s'effacera pas, une tâche de sang cubain (1).

Et si le créole des colonies françaises se souvient de son aïeul tombé en défendant la colonie sous les plis du drapeau français, le Cubain se souviendra toujours de celui de ses pères tombé frappé par les balles espagnoles. Cuba se considère comme une patrie nouvelle, et là où il y a une patrie nouvelle, il doit y avoir un jour un peuple libre.

Donc trois systèmes : l'autonomie, l'assujettissement, l'assimilation.

Sous ce dernier système, celui que pratique la France, les habitants de la colonie ont les mêmes droits et les mêmes devoirs que ceux de la métropole.

Mais autre est la question de la politique que la métropole doit suivre vis-à-vis de ses colonies et celle de la politique qu'elle doit suivre vis-à-vis des indigènes de ces mêmes colonies.

Autre est la question de l'assimilation des colonies et celle de l'assimilation d'indigènes. Ainsi, en Algérie, en ce qui concerne les colons d'origine française, la colonie est assimilée à la métropole. Les colons ont des députés,

____

(1) Ces lignes étaient écrites avant la guerre entre l'Espagne et les États-Unis.

des sénateurs, des conseillers généraux, des conseillers municipaux; les indigènes n'ont ni députés, ni sénateurs. Le gouverneur nomme leurs représentants conseillers généraux. Ils n'ont le droit d'élire que quelques conseillers municipaux. Le véritable système suivi vis-à-vis d'eux est celui de l'assujettissement.

L'Angleterre, qui accorde l'autonomie à ses colons, a une politique toute différente vis-à-vis des indigènes : ou bien elle les anéantit par la poudre ou par l'alcool comme en Australie et en Tasmanie, ou bien elle les opprime comme dans l'Inde.

Quelle doit être la conduite d'un état européen vis-à-vis des indigènes de ses colonies? Et d'abord a-t-on bien le droit de coloniser? Et cela n'est-il pas surtout interdit à la France? Elle qui a proclamé non seulement les droits de ses citoyens mais les droits de l'homme en général, peut-elle bien asservir les nations? Nous qui déclarons que tout peuple a le droit de disposer de lui-même, pouvons-nous nous annexer des contrées par la force? Les Africains et les Asiatiques ne sont-ils pas les égaux des Européens?

Certainement comme individus tous les hommes sont égaux, mais le sentiment de la nationalité n'existe pas chez les barbares autant qu'en Europe. Nous concluerons donc que l'on peut coloniser, mais toutefois à la condition que l'on fasse profiter les indigènes des bienfaits de la civilisation. Et on n'a pas le droit, comme fait l'Angleterre, d'exterminer une population entière, hommes, femmes et enfants.

Les états européens n'ont pas non plus le droit de pratiquer indéfiniment avec les indigènes le système de l'assujettissement. Il est permis après la conquête de les

soumettre à un régime disciplinaire ; mais à la condition
que ce soit un moyen de les plier plus facilement aux
mœurs des peuples civilisés. Cette discipline ne doit
jamais cesser d'être une discipline paternelle. On doit,
petit à petit, arriver à leur donner des droits égaux à
ceux des vainqueurs ; et finalement, on doit en faire des
citoyens. Tout autre régime ne peut-être qu'exception-
nel et transitoire.

CHAPITRE II

La France possède aujourd'hui un vaste empire colonial, le premier après celui de l'Angleterre. Cet empire est habité par des populations de mœurs, de races et de religions diverses, mais, en grande partie, par l'élément musulman. Nous le rencontrons d'abord en Algérie et en Tunisie où il existe pour ainsi dire seul ; nous le retrouvons au Sénégal et au Soudan où il est mélangé au fétischisme ; et enfin dans l'Inde française. Mais, là, ce sont les sectateurs de Brahma qui prédominent sur lui. Si les musulmans appartiennent à des races et parlent des langues différentes, si leurs mœurs ne sont pas les mêmes, il y a cependant entre eux un lien puissant qui est la religion. Et chez eux, la religion a une importance qu'elle n'a pas en Europe. Car le Coran est la source, non seulement de la loi religieuse mais aussi de la loi civile et du droit public.

De là il résulte qu'il y a non seulement une religion musulmane, mais aussi une nationalité musulmane. Chez eux, la religion remplace la patrie. Les musulmans n'ont pas le moins du monde l'idée de la séparation de l'Église et de l'État. Les religions anciennes étaient éminemment nationales.

Les dieux de l'antiquité n'étaient pas honorés comme les protecteurs du genre humain, mais bien comme ceux de la cité. Quoique Jéhovah fût adoré par les Juifs comme le créateur de l'univers, ils ne l'en considéraient pas moins comme protégeant spécialement leur nation.

Le Christianisme se présenta comme la religion de tous les peuples, et déclara n'avoir rien de commun avec les gouvernements terrestres. Le Mahométisme en revint à l'antique confusion des pouvoirs religieux et politiques, mais au lieu de vouloir renfermer la religion dans les bornes d'un État, il prétendit étendre les limites de la loi politique et civile à toute l'humanité en même temps que celles de la loi religieuse. Il voulut soumettre tout le globe à un seul Dieu, à une seule loi, à un seul maître.

Quand Mahomet mourut, il ne laissa pas de loi pour la succession au Khalifat. Il sembla que l'on dût avoir recours à l'élection; et le premier élu fut Aboubeker le beau-père du prophète.

Celui-ci désigna pour son successeur Omar. A la mort de ce dernier Othman fut élevé au Khalifat. Ensuite, ce fut Ali, gendre et neveu de Mahomet. Un parti, les Schiites qui tenaient pour l'hérédité du trône, soutint que c'était lui, Ali, le premier Khalife légitime, et qu'il aurait dû succéder immédiatement à Mahomet. Le pouvoir lui fut disputé par Moaviah.

Ali ayant été assassiné, celui-ci resta maître du Khalifat qu'il rendit héréditaire. Les Schiites le considérèrent comme un usurpateur et un hérétique. Les ortodoxes ou Sonnites qui prétendaient que le Khalifat devait être électif ne consentirent à reconnaître son pouvoir qu'au nom du fait accompli, et continuèrent à considérer les quatre premiers Khalifes, c'est-à-dire Aboubeker, Omar, Othman et Ali comme ayant été les seuls Khalifes parfaits. Une troisième secte musulmane qui de même que les Sonnites soutenait que le Khalifat devait être électif refusa de se rallier au fait accompli ; ce sont les Ibadites. Plus tard le Khalifat se démembra. Le pouvoir ayant été enlevé aux Ommiades ou descendants de Moaviah par les Abassides qui se rattachaient à la famille de Mahomet, ceux-ci se réfugièrent en Espagne et y fondèrent le Khalifat de Cordoue. Dans la suite l'Afrique se détacha à son tour du Khalifat d'Asie ou de Bagdad. Les Khalifes fatimites, descendants d'Ali et de Fatima, fille de Mahomet, régnèrent sur elle.

Le Khalifat de Cordoue fut détruit, lorsque les Espagnols chassèrent les Maures. Les Khalifats d'Asie et d'Afrique tombèrent sous les coups des Turcs et les Khalifes furent remplacés comme chefs politiques et religieux par les Sultans. Les Sonnites acceptèrent cette révolution comme le fait accompli ; mais, de même qu'ils accordaient une plus parfaite considération aux Khalifes parfaits qu'aux Khalifes imparfaits, ils ne vénérèrent pas les sultans à l'égal des Khalifes.

Les Schiites et les Ibadites continuèrent à considérer les Sultans comme des usurpateurs au point de vue politique et des hérétiques au point de vue religieux.

Il y a donc trois grandes sectes musulmanes : les Sonnites, les Schiites et les Ibadites. On donne aussi le nom de sectes aux différents rites qui se sont formés parmi les Sonnites. Ces rites diffèrent seulement sur l'interprétation de la loi civile et religieuse, mais ils ne s'excommunient pas et se considèrent réciproquement comme orthodoxes. Quels sont maintenant chez les Musulmans les sources de la religion et du droit ?

Ce sont, d'abord et avant tout, le Coran, ensuite, la Sonna ou tradition, qui se réfère à la conduite personnelle du prophète et aux hadits ou sentences rendues par lui. Elle n'est pas admise par les Schiites qui lui reprochent de s'être formée sous les trois premiers Khalifes dont ils ne reconnaissent pas la légitimité.

Les orthodoxes l'ont en vénération ; de là leur nom de Sonnites.

Comme troisième source du droit, il faut compter l'interprétation faite par les docteurs en droit et théologie. Ce sont eux qui dans les cas non prévus par le Coran ou la Sonna sont chargés de décider par voie d'analogie. Les principaux sont : Abou-hanifa Malek, Chaffèi et Hambal. Ils ont donnés leurs noms aux quatre rites Sonnites, Hanéfites, Malékites, Chafcites et Hambalites.

Les Turcs, les Arabes, les Musulmans du nord de l'Afrique sont en général Sonnites. Les Schiites sont répandus dans la Perse et dans l'Inde, mais l'Inde comprend également un grand nombre de Sonnites. Les Ibadites sont dispersés par petits groupes. L'un des plus importants se trouve au sud de l'Algérie. C'est le Mzab. Il a été annexé à la France en 1881. La plupart des Arabes et des Musulmans de l'Afrique du nord sont Malékites. En Tunisie, cependant le bey et son entourage sont Hanéfites. Cela vient de ce que le rite Hanéfite est celui suivi en Turquie. Or le bey de Tunis et son entourage sont de race turque ; et ce sont les Turcs qui ont apporté le rite Hanéfite en Tunisie. Il en était de même en Algérie, mais là les Turcs ne formaient qu'un état-major qui disparut devant la domination française. Il faut noter que si les Kabyles admettent le Mahométisme, ils ne le reconnaissent que comme religion et ont une loi civile qui en est indépendante.

Ceci nous amène à parler des différentes populations qui habitent l'Algérie et la Tunisie. Cette partie de l'Afrique est peut-être l'endroit de la terre qui a reçu le plus de peuples et subi le plus de dominations.

Quand les Romains arrivèrent, ils trouvèrent les Carthaginois qui étaient en guerres à peu près continuelles avec les indigènes Numides et Mauritaniens. Ils s'allièrent avec ces derniers pour renverser Carthage, puis ils luttèrent contre eux et vainquirent le roi des Numides, Jugurtha. Ils réduisirent alors une partie de l'Afrique en province romaine, et établirent sur le reste une sorte de protectorat. Puis, ils soumirent le tout à une domination immédiate.

Les Romains conservèrent l'Afrique pendant près de six cents ans.

Eh! bien, pendant cette longue période, s'ils réussirent à faire la conquête matérielle de l'Afrique, ils ne réussirent pas à en faire la conquête morale.

A la domination romaine, succéda celle d'une peuplade barbare : les Vandales. Sous Justinien, les Byzantins, successeurs des Romains, conquirent l'Afrique; les Arabes la leur enlevèrent. Ils furent, à leur tour, soumis par les Turcs. — En Algérie tout le pouvoir fut entre les mains des Janissaires qui ne devaient se recruter que parmi les Turcs, nés à Constantinople, ou les renégats chrétiens. Les fils des Janissaires, nés à Alger ne pouvaient faire partie de cette milice. L'autorité suprême appartint d'abord aux deux fondateurs de l'Odjack (1), les deux frères Barberousse, puis à des pachas nommés par les sultans; et enfin à des deys élus par les Janissaires.

Le gouvernement de la Tunisie fut au début de la domination turque à peu près semblable à celui de l'Algérie; mais, dans la suite, une dynastie de beys héréditaires s'installa dans la régence de Tunis.

Les indigènes algériens se divisent en trois groupes d'habitants : les Arabes, les Maures, les Berbères ou Kabyles. Les Arabes sont pasteurs et nomades; les Kabyles sont agriculteurs et sédentaires; les Maures habitent principalement les villes; ils sont mous et efféminés.

Il y aussi en Algérie un grand nombre de Juifs qui ont été naturalisés en masse par le décret de 1870. Cependant il en est un certain nombre qui n'ont pas pu profiter de cette naturalisation pour ne pas avoir rempli les formalités voulues. C'est une question qui sera examinée ultérieurement que de savoir si le décret de 1870 peut s'appliquer aux Israélites du Mzab, contrée annexée depuis 1870.

On a souvent répété que les Berbères étaient les descendants des populations primitives, tandis que les Arabes descendaient des conquérants. Cela peut ne pas être absolument exact ; car d'une part, il y avait en Arabie, avant Mahomet, des populations sédentaires.

Les habitants de la Mecque et de Médine n'étaient

(1) Nom donné à l'État turc en Algérie.

pas nomades ; et, d'autre part, nous lisons dans Salluste qu'il y avait déjà en Numidie, au temps de Jugurtha, des peuplades nomades et pastorales. Or ces peuplades ne descendaient certainement pas des Arabes conquérants. Il semble cependant exact que les Berbères, que l'on appelle plus spécialement Kabyles, qui vivent dans les montagnes de la grande et de la petite Kabylie et qui n'ont jamais consenti à admettre le Coran comme source de la loi civile, sont bien de race autochtone.

Il a encore souvent été répété qu'avant la conquête française la société kabyle était démocratique et la société arabe aristocratique. Il est vrai que les Kabyles avec eur Djemaa, qui comprenait tantôt seulement les notables, tantôt tous les habitants du village et leurs amines élus par leurs djemaas, avaient un véritable gouvernement démocratique.

Quant aux Arabes, bien qu'il soit vrai qu'ils accordassent une grande importance à un certain nombre de familles considérées comme illustres, il n'est pas absolument exact de dire que ces familles formassent une aristocratie au sens légal du mot.

Ces familles étaient de deux sortes : les familles militaires ou de Djoads et les familles religieuses ou de Marabouts.

Quant nous conquîmes l'Algérie, les seuls qui nous résistèrent sérieusement furent les marabouts. A leur tête se trouvait Abd-el-Kader, le représentant de la plus illustre famille religieuse, puisqu'il prétendait descendre d'Ali, le dernier des kalifes parfaits, et de Fatima, fille de Mahomet.

Les Djoads en général le laissèrent écraser quand ils ne prirent pas notre parti. En 1871, ce furent au contraire les Djoads, à la tête desquels se trouvait Mokrani, qui levèrent l'étendard de la révolte. C'est alors que les Marabouts les abandonnèrent à leur tour. Mokrani essaya de s'appuyer sur un troisième parti qui, à la suite de la chute des Djoads, qui résulta de la défaite de Mokrani, comme la chute des Marabouts avait résulté de la défaite d'Abd-el-Kader, semble avoir hérité de toute l'influence qu'exerçaient auparavant les uns et les autres.

Je veux parler des ordres religieux musulmans.

Ces ordres, sous une apparence exclusivement religieuse, s'occupent principalement de politique. Voici quelques mots sur eux :

Les Quadryas sont très tolérants, charitables et nullement hostiles à la France. Les Chatryas ne nous sont ni favorables ni hostiles. Les Tidjanyas nous sont favorables. Les Snoussis sont les ennemis acharnés de tous les chrétiens; ils se disent également les ennemis des Turcs, parce que ceux-ci entretiennent avec les chrétiens des relations amicales. Leur maison-mère est à Djerboub, en Sybie. C'est l'ordre qui déclare le plus ne pas s'occuper de politique, c'est au contraire celui qui s'en occupe davantage.

Mais ni les ordres religieux, ni les marabouts ne forment le véritable clergé musulman.

Le clergé régulier musulman se compose des Imans, des Muphtis, des Muezzins; ces derniers sont les chantres des mosquées. Ce sont eux qui du haut des minarets appellent les fidèles aux cinq prières de la journée. Le clergé régulier, en Algérie, est payé par nous, et se trouve à peu près dans les mains de la France. Malheureusement il a peu d'influence sur les

Indigènes. Il n'en est pas de même en Tunisie, où l'influence religieuse est partagée entre le clergé régulier, les Marabouts et les ordres religieux. Le clergé régulier quoique n'étant pas payé par nous est cependant notre auxiliaire. Lorsque nous avons fondé une école française en Tunisie le chef du clergé, le cheik Ul-Islam nous a dit « je ne suis plus d'âge à apprendre votre langue, mais je vous donnerai mes fils ».

Malheureusement ce n'est pas seulement en Algérie et en Tunisie que les confréries religieuses musulmanes ont une grande influence; c'est aussi au Sénégal et au Soudan.

Les indigènes du Sénégal sont en grande partie musulmans; il en est cependant qui sont fétichistes. Il y en a aussi qui se sont convertis au christianisme. Les uns appartiennent à la race blanche, d'autres à la race noire, les blancs Arabes ou Berbères habitent sur la rive droite du fleuve ou de la côte d'Arguire (1), ils constituent de vastes tribus maures qui vivent à l'état nomade, cheminant de point en point. Les Maures du Sénégal se partagent en trois grandes tribus, les Trarzas, les Bracnas et les Douaich. Ils ne sont pas absolument tous blancs et beaucoup d'entre eux sont noirs ou métissés. Ceux-ci s'engagent volontiers dans les tirailleurs et sont d'un courage extraordinaire. Ils ont reçu des Maures le nom de Haratins et, les noirs du Sénégal, celui de Porognes. Il y a, entre les noirs et la race blanche, la race intermédiaire des Peuhls, ils

____

(1) Ces détails sur le Sénégal sont empruntés à un ouvrage, publié par ordre du sous-secrétariat des colonies. C'est une collaboration de plusieurs auteurs. Mais ces détails sont de M. Tréfeu.

occupent d'importants états tels que le Fouta-sénéga-
lais et le Fouta-djallon. Leurs mœurs sont hospita-
lières et douces. Leur mélange avec les noirs a produit
les Toucouleurs. Ils sont essentiellement cultivateurs et
se livrent également à la pêche.

La race noire comprend les Oolofs-séréres, les Yolas
et les Nalous. C'est parmi les Ooulofs que les Européens rencontrent des ouvriers d'art.

Ils sont également de très bons soldats et de très bons
matelots. Les mulâtres ont formé, à Saint-Louis particulièrement, une classe spéciale; la classe Signare.
Dans le Soudan, nous retrouvons les Peuhls et les
Toucouleurs, il y a aussi les Mandingues. Les Peuhls
et la plupart des Toucouleurs sont musulmans. Les Son-
ninkes branche de la race Mandingues sont également
musulmans. Les Bambaras et les Malinkés sont fétichistes. Chez ces peuples, il y a dans chaque village,
un arbre sacré où demeure le féticheur ou sorcier. On
le consulte dans les occasions solennelles de la vie publique ou privée.

Comme les augures de l'antiquité païenne, les féti-
cheurs consultent les entrailles des animaux pour
prédire l'avenir ou pour prendre une décision quelconque. Au Soudan, les Indigènes se divisent en deux
catégories : les hommes libres et les esclaves; car on
n'a pas encore réussi à abolir complétement l'esclavage
au Soudan. Les hommes libres se partagent eux-mêmes
en plusieurs castes qui sont : les guerriers, les agriculteurs, les griots et les artisans. Les guerriers sont les
nobles de pays, ils appartiennent aux familles anciennes
qui ont gouverné les différents états, ou bien ils se sont
illustrés eux-mêmes par quelques faits de guerre. Ils

dédaignent les professions manuelles mais tiennent l'agriculture en honneur. Les familles ont un rang entre elles. Après les guerriers viennent les agriculteurs. On appelle ainsi les hommes libres qui ont une maison aux champs et des captifs. En cas de guerre, ils portent les armes sous les ordres des guerriers.

Les Griots sont des sortes de bardes ; ils vivent d'aumônes et sont à la fois méprisés et redoutés. Dans la société nègre, les artisans tiennent le bas de l'échelle. Chez ces peuples, les vieillards sont respectés, et, à partir d'un certain âge, ils ne font plus rien. On les voit autour des villages étendus au soleil dans les champs ou devant leur case. Chez ces différends peuples, la femme ne joue qu'un rôle absolument effacé, et son influence est presque nulle ; elle n'est qu'une bête de somme. Il peut cependant arriver qu'une femme intelligente prenne un certain ascendant sur son mari. Les mères sont au contraire très considérées par les fils qui vont souvent leur demander conseil et les traitent avec les plus grands égards.

La Guinée française, appelée autrefois Rivières du Sud est habitée par des tribus noires de même race que celles du Sénégal.

Les Oasis du Sahara sont habités par les Touaregs. Ce sont des Berbères qui parcourent le désert en pillards. Ils pénétrent dans le Soudan. Ce sont eux qui dominaient à Tombouctou avant que nous en prenions possession.

C'est dans leurs embuscades que sont tombés les colonels Flatters et Bonnier. Ils sont nos implacables ennemis, ils professent la religion musulmane. En descendant plus bas nous trouvons la côte d'Ivoire ainsi

que le Dahomey et ses dépendances, les populations
de la côte d'Ivoire sont en général fétichistes ; celles du
Dahomey sont sanguinaires. La France a dû abolir les
sacrifices humains, mais il faut remarquer que ce
caractère sanguinaire appartient seulement à la race
conquérante qui occupait le Dahomey lorsque la France
s'y établit et nullement aux populations voisines.

Avec l'Ouest africain nous arrivons dans l'Afrique
centrale ou même si l'on veut dans l'Afrique méridio-
nale. On a réuni le Gabon et le Congo en une seule
colonie sous ce nom d'Ouest africain. Tous les habitants
de ce pays sont noirs cela va sans dire ; ils sont fétichistes ; leurs mœurs sont excessivement douces. A
l'exception de celles de l'état des Batakélès gouvernés
par le roi Makoko. Les tribus et même les villages
n'ont aucun lien politique.

Sur la côte du Pacifique nous possédons la colonie
d'Obock, appelé côte des Somalis. Les populations de
ce pays sont de trois races : les Danakils, les Somalis,
les Galbas.

Les Danakils sont essentiellement pasteurs, par
conséquent nomades ; ils n'ont pas d'occupation fixe
et changent de résidence suivant la saison. Ils sont
musulmans et pas du tout fanatiques. Les Somalis
sont guerriers et pasteurs ils sont fétichistes ainsi que
les Galbas.

Nous trouvons également sur la côte du Pacifique le
protectorat des iles Comores et la grande colonie de
Madagascar.

Madagascar est habitée par des Malgaches proprement dits de race caffre et les Hovas, population conquérante de race malaise.

Les Hovas sont déjà arrivés à une haute civilisation. Ils se sont convertis au protestantisme. Beaucoup d'autres indigènes ont suivi leur exemple.

Il y a néanmoins à Madagascar un certain nombre de catholiques. Il y a aussi quelques musulmans, mais la plus grande partie de la population est restée fétichiste. Enfin, c'est dans les parages de Madagascar que se trouve notre vieille colonie de la Réunion.

A la Réunion, tous les habitants : créoles descendants des anciens colons français, nègres fils d'esclaves affranchis, mulâtres, tous sont citoyens français. Les étrangers nés dans l'île y deviennent français dans les mêmes conditions que s'ils étaient nés en France dans un département quelconque. Il en est de même dans nos deux vieilles colonies des Antilles : la Guadeloupe et la Martinique.

Dans la Guyane, il y a des descendants d'esclaves affranchis qui sont citoyens français. Les indigènes proprement dits sont représentés par les tribus de peaux-rouges qui vivent à l'état sauvage.

Aussi convient-il de dire de suite que nous n'aurons pas à reparler de ces quatre colonies dans tout le cours de cette étude.

En Asie, nous possédons les établissements des Indes françaises qui ne se composent que des cinq villes de Pondichéry, Chandernagor, Ianaon, Karikal et Mahé. Cette colonie a très peu d'importance par son étendue, mais il n'en est pas de même de la population qui l'habite. La civilisation indienne est peut-être la plus ancienne du globe. Les indigènes appartiennent les uns à la race autocthone, les autres à la race arienne qui forme les trois castes supérieures qui ont trouvé leur consécration dans la religion brahmanique.

Les quatre castes sont :

Les Brahmanes ou prêtres.

Les Kchatryas ou guerriers.

Les Vaysias ou laboureurs et commerçants.

Enfin les Soudras ou serviteurs, descendants de la race vaincue.

Celui qui naît du mélange des castes est paria ou réprouvé.

Un grand nombre d'Indous, pour échapper au régime des castes, ont adopté la religion musulmane.

Il y a parmi eux des Schiites et des Sonnites.

Les populations qui habitent l'Indo-Chine française se divisent en trois groupes : les Annamites, les Cambodgiens et les tribus des montagnes.

Les Annamites actuels appartiennent à la race jaune. Ils en ont les mœurs, la langue et l'organisation politique. Mais, comme le fait remarquer M. Luro, la nation annamite n'a pas subi les modifications introduites par la conquête des dynasties mongoles et mandchoues, nous pouvons donc conjecturer que la civilisation annamite, dans son état actuel, a conservé des formes archaïques depuis longtemps disparues en Chine.

D'après Lanessan, l'Indo-Chine aurait été peuplée d'abord par des hommes venant du Pacifique et appartenant à la race malaise. Plus tard, deux courants d'émigrations se rencontrèrent, l'un venu de l'Inde à travers la Birmanie et le Siam, l'autre représenté par des populations de race jaune descendues des vallées de la Chine. Les Ariens venus de l'Inde s'emparèrent du Cambodge et de la Cochinchine, puis de l'Annam méridional et central. Les populations de race malaise se réfugièrent dans les montagnes.

Des populations de race jaune s'établirent dans le Tonkin d'abord puis dans l'Annam septentrional et fondèrent l'empire Annamite il semble qu'ils se fusionnèrent avec les races primitives plutôt qu'ils ne les refoulèrent brutalement, puis les peuples de race jaune vainquirent ceux de race indienne, conquirent sur eux l'Annam et la Cochinchine, puis soumirent le Cambodge à leur suzeraineté.

Les Siamois leur enlevèrent leur suzeraineté du Cambodge.

L'Annamite est doux, laborieux, très attaché à sa famille, à sa maison, à son champ. Les Annamites appartiennent officiellement au Boudhisme ou à la religion de Confucius, mais en réalité leur véritable religion est le culte des ancêtres : « Chaque habitation dit M. Luro, si pauvre qu'elle soit a son autel des ancêtres devant lequel aux jours prescrits par les lois et les traditions le chef de la famille fait les offrandes et le sacrifice rituel. » Comme chez les Romains le culte des ancêtres consiste principalement en offrandes et en repas offerts aux morts.

Il s'en suit également, comme dans l'ancienne Rome que la famille est très fortement constituée et le père de famille annamite a des pouvoirs qui rappellent ceux du pater-familias romain. Nous verrons même plus tard qu'en ce qui concerne les personnes il est découlé de ce principe que la famille ne doit pas s'éteindre, un certain nombre d'institutions qui rappellent celles du vieux droit quiritaire.

« Le peuple Cambodgien actuel dit de Lanessan n'est probablement formé que des métis issus du croisement des Ariens qui fondèrent jadis sur les bords du

Mékong les empires Kmer et Siampa avec les Malais qui occupaient primitivement le sol et les Mongols descendus de la Chine à travers les immenses plateaux du Laos et du Mékong. » Les Cambodgiens sont des bouddhistes fervents.

Les populations descendues des montagnes sont confondues en général au Tonkin sous le nom de Muongs : « C'est seulement depuis une quarantaine d'années, dit de Lanessan, que leurs villages sont soumis à l'autorité annamite, ils la supportent difficilement, ils n'ont rien en effet de l'organisation de l'Annam, ils vivaient autrefois sous la domination d'une sorte de noblesse pour laquelle ils ont conservé le plus grand respect ils n'ont jamais cessé de protester contre l'introduction chez eux des mandarins annamites et contre la division qu'on a fait de leur territoire en huyens et en communes. Les populations sauvages qui occupent le flanc de la montagne tourné vers l'Annam et qui font suite aux Muongs du Tonkin prennent le nom de Moïs.

En Océanie notre principale possession est la Nouvelle-Calédonie, elle est occupée par des sauvages nommés Canaques. Ils sont antropophages, mais cette coutume tend à disparaître grâce à l'influence française. Ils sont divisés en tribus gouvernées par des chefs dont l'autorité est sacrée. Leur charge est héréditaire, cependant le successeur du chef défunt est élu parmi ses fils, s'il n'en a pas son frère lui succède.

Le principal privilège du chef consiste à manger le meilleur morceau et à ne pas mourir de faim même en cas de disette. Il y a des chefs de villages subordonnés au chef de la tribu. Auprès du chef suprême se trouve aussi un chef militaire.

Le chef suprême est entouré d'un conseil de vieillards. Les Canaques ont des prêtres ou sorciers, le culte des morts est le fond de leur religion. Il arrive que des tribus sont alliées et forment une confédération, il arrive aussi qu'une tribu plus considérable s'en subordonne une autre, mais en général l'état de guerre est l'état normal des relations entre différentes tribus.

A part les chefs, la population canaque se divise en deux classes les nobles et les serfs dans le territoire de la tribu, il y en a une partie qui appartient aux chefs et aux nobles à titre de propriété purement individuelle.

Le reste est la propriété collective de toute la tribu.

Nous possédons encore en Océanie un certain nombre de petites îles Taïti, les îles Gambier et les îles Marquises. Les indigènes de ces îles ont déjà atteint un certain degré de civilisation, ils ont été convertis au christianisme par des missionnaires catholiques ou protestants.

CHAPITRE III

DE LA FORMATION, DE L'ORGANISATION SOMMAIRE
DE NOTRE EMPIRE COLONIAL
ET DE LA CONDITION GÉNÉRALE DES INDIGÈNES SURTOUT
AU POINT DE VUE DE LA NATIONALITÉ

La France n'a pas acquis toutes ses possessions extra-européennes d'une façon uniforme; dans les unes elle a éprouvé une résistance opiniâtre, c'est le cas de l'Algérie. Il en est d'autres où elle a gagné les indigènes exclusivement par la douceur, c'est le cas du Congo, qu'elle doit à M. de Brazza. En Tunisie, elle a dû envoyer une expédition militaire, mais cette expédition n'a pour ainsi dire rencontré aucune résistance.

Au Sénégal, elle a trouvé plusieurs races en lutte entre elles et elle s'est rendue maîtresse de la colonie en plaçant les plus faibles sous sa protection. Il en est résulté que ces différentes possessions ont été soumises à un régime différent.

Là où la guerre avait été acharnée, on a dû annexer immédiatement tout le pays. On a dû aussi souvent établir un régime disciplinaire spécial pour les indigènes. Ailleurs, non seulement on put ne pas soumettre les indigènes à un régime disciplinaire, mais on a pu aussi respecter dans une certaine mesure l'indépendance de l'état soumis. C'est alors qu'on établit le régime du protectorat qui se contentait d'enlever à l'état protégé toute souveraineté extérieure et qui soumettait le gouvernement intérieur au contrôle de la France, c'est ce qui a eu lieu pour Tunis.

A Taïti, le protectorat a été changé après un certain temps en annexion. A Madagascar, on a d'abord commencé par établir un protectorat qui tout en soumettant le gouvernement hova à la France au point de vue extérieur, lui laissait une indépendance intérieure à peu près complète, mais le gouvernement hova voulut rompre le lien qui l'attachait à la France et celle-ci fut obligée d'envoyer une nouvelle expédition.

Une fois vainqueur nous hésitâmes entre un protectorat plus sérieux et l'annexion pure et simple. Les conspirations des Hovas et les intrigues de la cour d'Emyrne nous forcèrent après différentes tergiversations à nous décider pour l'annexion.

Parmi les protectorats il y en a qui s'exercent sur de véritables états constitués comme celui de la Tunisie, celui de l'Annam et Tonkin, celui du Cambodge. Il y en a d'autres au contraire où il n'existe pas à proprement parler d'état protégé et le protectorat n'est alors qu'une solution provisoire pour laisser un peu plus longtemps les indigènes sous l'autorité des chefs auxquels ils sont accoutumés à obéir.

Les Indigènes des colonies et ceux des pays de protectorat ne sont pas dans une situation absolument identique. Ceux des pays de protectorat ont gardé leur ancienne nationalité; ils sont soumis en principe à l'administration et à la juridiction de l'état protégé.

C'est cette juridiction qui est celle de droit commun et ce sont les tribunaux français qui sont les tribunaux d'exception. Ainsi en Tunisie notamment les tribunaux tunisiens doivent, en matière personnelle et mobilière se déclarer incompétents toutes les fois qu'un Européen est en cause. Il en est ainsi en matière pénale, par exemple, lorsque la victime est un Européen, ou lorsque l'accusé Tunisien a pour complice des Européens ou protégés Européens. Ce sont encore les tribunaux français qui sont compétents en matière civile dans toutes les contestations qui concernent le statut personnel des Européens ou protégés Européens.

Qu'entend-on par protégés Européens ? Ce sont des Tunisiens qui se sont placés individuellement sous la protection de telle ou telle puissance européenne, il y a donc parmi eux des protégés français, cela peut paraître singulier au premier abord, car tous les Tunisiens ne sont-ils pas protégés français ? Ce sont-là les restes d'un régime qui existait avant que la France eut établi son protectorat sur la régence de Tunis. Il est parfaitement admissible d'ailleurs que tel ou tel Tunisien désire augmenter, en ce qui le concerne individuellement les liens qui l'unissent à la France. Il l'est moins qu'il puisse se placer sous la protection d'une autre puissance, mais ce sont-là les derniers débris du système, des capitulations que nous n'avons pu faire entièrement disparaître. En matière réelle immobilière, on peut dire qu'au lieu de s'occuper de la nationalité des parties, on s'occupe de la nationalité de l'immeuble, une loi tunisienne de 1885 a soumis la propriété foncière en Tunisie à un régime qui emprunte ses principes pour partie à l'acte Tarrens australien et pour partie au code civile français.

Quiconque veut soumettre un immeuble à cette loi, doit le faire immatriculer sinon le dit immeuble reste soumis à la loi ancienne. Quand on veut faire immatriculer un immeuble, les titres qui le concernent sont d'abord examinés par un tribunal mixte, une fois que l'immeuble est immatriculé, toutes les contestations qui le concernent sont jugés par un tribunal français quelque soit la nationalité des parties en cause.

Si l'immeuble n'a pas été immatriculé ce sont les tribunaux tunisiens qui sont compétents quelque soit également la nationalité des parties en cause (1). Mais si dans les pays de protectorat les indigènes ne sont soumis à la juridiction française que par exception, et s'ils conservent leur nationalité, il n'en est pas de même dans les colonies.

Là ce sont au contraire les tribunaux français qui sont en principe tribunaux de droit commun et les tribunaux indigènes qui sont tribunaux d'exception.

Les indigènes des colonies ont la nationalité française mais il ne sont que sujets français et non pas citoyens français. — Ils paient l'impôt et obéissent aux fonctionnaires que le gouvernement envoie dans leur pays, mais en général notre droit civil ne leur est pas applicable. — Ils conservent leur situation sociale, leur coutumes et leur lois. Ils n'ont pas non plus de droits politiques. Giraud dit que c'est seulement en temps que contribuables et administrés qu'ils sont considérés comme

______

(1) Cependant quand toutes les parties sont françaises, les tribunaux français sont compétents.

Français mais qu'ils ne jouissent d'aucune des garanties appartenant aux citoyens.

Nous avons dit plus haut que parmi les colonies françaises, il y en avait où nous avions rencontré une résistance opiniâtre parmi celles-ci nous avons cité comme exemple l'Algérie.

Lorsque le gouvernement de Charles X se décida à entreprendre l'expédition d'Alger son intention n'était pas de conquérir l'Algérie mais simplement de venger l'insulte faite par le dey à notre consul.

Comme il fut renversé presqu'immédiatement après la prise d'Alger il n'eut pas le temps de prendre aucune décision à l'égard de notre nouvelle conquête. Le gouvernement de Louis Philippe commença par remplacer le maréchal de Bourmont qui avait pris Alger par le général Clauzel. Il ne faudrait pas considérer cette dis grâce du maréchal de Bourmont comme un acte d'ingratitude dicté par le seul esprit de parti, le maréchal de Bourmont ayant déserté quelques jours avant Waterloo. Sitôt la prise d'Alger, le dey et les janissaires qui n'avaient aucune attache sérieuse dans la régence (puisque, comme nous l'avons dit dans notre précédent chapitre, aucun Algérien ne pouvait faire partie de cette milice) avaient été expulsés.

L'Algérie se trouvait divisée en trois provinces Alger, Oran, Constantine. Celle d'Alger comprenait la province d'Alger proprement dite et celle de Titery. Les provinces d'Oran, de Constantine et de Titery formaient trois beylicks, c'est-à-dire qu'elles étaient gouvernées par des beys représentant le dey d'Alger qui tenaient dans leurs mains tous les pouvoirs.

Ces trois beylicks portaient le nom de leur capitale

excepté celui de Titery dont le bey résidait à Médéah. Le plan du général Clauzel était d'occuper la province d'Alger proprement dite et de laisser gouverner les trois beylicks par des beys sous la suzeraineté de la France. A cet effet il dirigea une expédition contre Médéah, dont il remplaça le bey notre ennemi par un de nos partisans et il conclut avec le bey de Tunis un traité qui donnait les provinces de Constantine et d'Oran à deux des frères de ce dernier. Mais le gouvernement ne voulut pas ratifier ce traité et le général Clauzel fut remplacé à la tête de l'armée d'Afrique par le général Berthézène.

Sous le général Berthézène, notre domination en Afrique n'avança guère et pour parler plus exactement recula plutôt, car si nous fîmes alors une expédition sur Médéah ce fut pour en ramener le bey que le général Clauzel y avait installé. Nous abandonnions donc cette ville. Au général Berthezène, succéda le général de Rovigo, ancien ministre de la police sous l'empire.

Il y eut à côté du général en chef un intendant civil qui en était indépendant ce fut le baron Pichon c'est là, le premier essai d'administration civile en Algérie.

Le général en chef et l'intendant civil ne s'entendirent pas et le baron Pichon fut rappelé et remplacé par un intendant subordonné au Général en chef, ce fut M. Gentil de Bussy. C'est à cette époque que les habitants de Mascara et des tribus avoisinantes reconnurent l'autorité d'Abd-el-Kader.

Le général de Rovigo ayant été obligé de rentrer en France pour des raisons de santé, puis étant mort quelque temps après le commandement intérimaire fut exercé d'abord par le général Avizard puis par le général Voirol, c'est sous le commandement intérimaire du général Voirol que le général Desmichel, qui était placé à la tête des troupes de la province d'Oran signa une premier traité avec Abd-el-Kader, c'était le reconnaître comme le représentant des Arabes, et lui donner vis-à-vis de ces derniers une consécration qu'il n'avait pas encore.

Une commission d'enquête fut nommée pour examiner l'organisation qu'il convenait de donner à l'Algérie et à la suite de son rapport, il fut rendu une ordonnance qui institua un gouverneur général assisté d'un conseil de gouvernement composé de hauts fonctionnaires. Le premier gouverneur fut le général Drouet-d'Erlon.

Abd-el-Kader avec qui nous étions en paix, attaqua deux tribus qui se trouvaient placées sous notre protection. Le Général Trézel, qui commandait à Oran se porta à leur secours, mais il fut vaincu à la Macta, c'est cet événement qui amena la retraite du Général Drouet d'Erlon et son remplacement par le Général Clauzel. Ce dernier voulut venger le désastre de la Macta, et porta un grand coup à Abd-el-Kader en dirigeant une expédition contre Mascara, qui était la capitale de ce dernier, il s'empara de cette ville et la détruisit.

Il voulut vaincre ensuite notre autre adversaire en Algérie, le bey de Constantine, et se porta au siège de cette ville, malheureusement il échoua et fut remplacé. par le Général Damrémont. Celui-ci reprit l'expédition contre Constantine et réussit à s'en emparer, mais il trouva la mort dans le combat.

Quelque temps auparavant, le Général Bugeaud, qui commandait à Oran, avait signé un second traité avec

Abd-el-Kader, par ce traité de la Tafna, nous gardions le littoral dans la province d'Oran, le Sahel et la Métidja dans celle d'Alger. Le reste des provinces d'Oran et d'Alger était à Abd-el-Kader.

Au général Damrémont succéda le maréchal Vallée.

Abd-el-Kader profita de la paix pour organiser ses états et principalement son armée. Quant il crut cette œuvre terminée il prétexta d'une promenade militaire que le maréchal Vallée avait fait faire à ses troupes et dans laquelle notre armée avait franchi un passage nommé les Portes-de-Fer pour recommencer la guerre. C'est alors qu'on se décida à conquérir véritablement l'Algérie et pour opérer cette conquête le maréchal Vallée céda le commandement au général Bugeaud (29 décembre 1840). C'est alors que commença la grande lutte entre le maréchal Bugeaud et Abd-el-Kader. Finalement Abd-el-Kader auquel le duc d'Aumale avait enlevé sa smala se réfugia au Maroc dont il décida le sultan à nous déclarer la guerre. Le maréchal Bugeaud vainquit l'armée marocaine sur les bords de l'Isly. Le sultan du Maroc demanda la paix.

Quelque temps après un autre marabout Bou-Maza souleva les Arabes, cette insurrection fut réprimée, Abd-el-Kader expulsé du Maroc fit une chevauchée à travers l'Algérie puis finalement se réfugia en Kabylie où traqué par nos troupes, il se rendit au duc d'Aumale qui avait succédé au maréchal Bugeaud comme gouverneur de l'Algérie. C'est sur ces entrefaites qu'éclata la Révolution de 1848.

La République de 1848 déclara l'Algérie territoire français. Elle la divisa en départements ayant à leur tête des préfets et en arrondissements ayant à leur tête des sous-préfets. Chacun des trois départements Alger, Oran. Constantine avait un député. A côté du territoire civil administré par les préfets et les sous-préfets il y avait le territoire militaire administré par les généraux de division les uns et les autres étaient placés sous la dépendance du gouverneur général militaire.

Les gouverneurs qui se succédèrent en Algérie pendant la République de 1848 furent les généraux Cavaignac. Changarnier. Chavron, d'Hauptoul et Randon.

En 1848 une insurrection éclata et fut réprimée. Le plus important fait d'armes de cette répression fut la prise de l'oasis de zaatcha dans le sud de la province de Constantine.

C'est pendant la République de 1848 qu'eut lieu la conquête de la petite Kabylie.

Après l'attentat du deux décembre le régime militaire fut absolument rétabli. On laissa subsister les préfets mais en les subordonnant aux généraux.

Le gouverneur général était alors le général Randon. C'est sous son gouvernement que s'acheva la pacification de l'Algérie par la soumission des tribus du Sahara et par la conquête de la grande Kabylie. En 1858, on essaya d'un nouveau régime. Le gouvernement général fut supprimé. Les préfets et les généraux dépendirent directement du ministre de l'Algérie et des colonies qui était installé à Paris.

Le premier titulaire de ce ministère fut le prince Jérôme Napoléon qui fut remplacé, dans la suite par M. de Chasseloup-Laubat. Puis on abandonna ce système et le gouvernement général fut rétabli, le gouverneur fut le maréchal de Mac-Mahon. C'est alors que le gouvernement donna dans l'utopie du royaume arabe. L'Empereur déclara dans un discours que l'Algérie n'était pas une colonie mais un royaume arabe. Par là on avait l'air d'abandonner absolument les colons et même de ne pas chercher à franciser les indigènes. Il semblait que l'on voulait établir une sorte d'autonomie pour la population indigène que l'on aurait continué à gouverner selon les principes orientaux, avec cette différence qu'elle aurait eu un souverain européen au lieu d'un souverain musulman.

Le régime militaire fut aboli après la révolution du 4 septembre et l'Algérie eut deux gouverneurs civils.

Mais les deux premiers gouverneurs civils furent un amiral, l'amiral du Gueydon et un général, le général Chanzy. Le premier gouverneur réellement civil de l'Algérie fut M. Albert Grévy. Les successeurs ont été Messieurs Tirman et Cambon qui vient d'être remplacé, à l'heure où nous écrivons par M. Lépine. L'Algérie est divisée aujourd'hui en territoire civil (1). administré par les préfets et en territoire militaire ou de commandement placé sous l'autorité des généraux de divisions.

Le territoire militaire est divisé en communes indigènes et en communes mixtes militaires. Le territoire civil est divisé en communes mixtes et civiles et en communes de plein exercice. Les communes de plein exercice sont celles où la population française est assez nombreuse pour qu'on puisse leur donner l'organisation des communes de France.

(1) M. Lépine a été remplacé par M. Laferrière.

La seule différence est qu'à côté du conseiller français il y a un certain nombre de conseillers musulmans élus par leurs coréligionnaires qui forment une liste électorale spéciale.

Il faut noter qu'il y a un certain nombre de tribus ou de douars rattachés aux communes de plein exercice. Mais on les constitue en sections distinctes ce qui leur donne une certaine autonomie.

Les communes mixtes sont placées sous la direction d'administrateurs nommés par le Gouverneur. Ces administrateurs sont assistés d'adjoints et de commissions municipales composées de membres français et indigènes. Les administrateurs ont droit de prononcer par voie disciplinaire des peines de simple police, vis-à-vis des indigènes, lorsque ceux-ci ont commis certaines infractions, dites infractions spéciales à l'indigénat. Dans les communes de plein exercice, ces pouvoirs appartiennent aux jugés de paix.

Les incursions des tribus tunisiennes de Kroumirs en Algérie et l'impuissance du gouvernement beylical à les réprimer forcèrent la France à agir elle-même. Les troupes françaises entrèrent en Tunisie et châtièrent les Kroumirs.

En même temps une autre colonne s'empara de l'île Tabarca et débarqua à Bizerte. Quelles jours après un corps expéditionnaire, en partit et alla camper à 25 kilomètres de Tunis. Le bey signa le traité du Bardo. Par ce traité, nous avons un résident général qui est chargé de toutes les affaires extérieures de la Régence. C'est lui qui préside le conseil des ministres. Le bey a conservé le pouvoir législatif, mais tous ses actes doivent être approuvés par le résident général. A la nouvelle de la signature du traité du Bardo, plusieurs tribus de l'intérieur de la régence se soulevèrent.

L'insurrection fut réprimée. Les troupes du bey se joignirent aux nôtres. Il faut noter la prise de Sfax et l'entrée des troupes françaises sans combat dans la ville de Kérouan.

Le traité du Bardo fut complété plus tard par le traité de la Marza, par lequel le bey s'engage à accomplir les réformes que la France jugera nécessaires.

C'est notre résident général à Tunis qui est chargé de les lui suggérer. L'administration du territoire tunisien est confiée aux caïds, aux khalifas et aux cheiks. A côté d'eux se trouvent des fonctionnaires français nommés contrôleurs civils qui, comme leur nom l'indique, sont chargés de contrôler leur administration. Dans certaines parties de la Tunisie seulement, les contrôleurs civils sont remplacés par des officiers de renseignements, c'est ce qu'on appelle le territoire militaire.

Le Sénégal est une de nos plus anciennes colonies, puisque la France la possédait déjà sous l'ancien régime. Mais nos possessions se bornaient alors à quelques points du littoral. Les Anglais s'en emparèrent pendant les guerres du premier empire. Il nous fut rendu par les traités de 1814. Depuis cette époque jusqu'en 1854, la colonie s'étendit quelque peu. C'est alors que le commandant Faidherbe ayant été nommé gouverneur, l'histoire de la colonie commence véritablement.

En 1855, Faidherbe commença la guerre contre les Maures. Le principal adversaire que la France rencontra fut un marabout, El-Adji-Omar. En 1857, il assiégea le poste de Médine, qui fut défendu par un mulâtre du nom de Paul Holl. Le siège dura 97 jours. Les assiégés n'avaient plus de munitions lorsque le gouverneur arriva à la tête d'une colonne de secours.

En 1860, El-Adji nous fit des propositions pacifiques auxquelles il fut répondu par des propositions qu'il accepta entièrement.

Pendant ce temps, Faidherbe avait été nommé lieutenant-colonel, puis colonel. Le capitaine de vaisseau Jauréguiberry lui succéda. Il fit, en 1862, une expédition contre les Toucouleurs, dans le Fouta; l'année suivante, le 7 février, l'ennemi était encore mis en pleine déroute.

Le 14 juillet 1863, Faidherbe venait reprendre le poste de gouverneur avec le grade de général de brigade. Il envoya contre les Toucouleurs une colonne sous les ordres du lieutenant-colonel Martin des Pallières. Les rebelles traqués consentirent à la paix. Des expéditions plus ou moins importantes avaient lieu en même temps de divers côtés. En 1859, nous avions fait signer au Damel de Cayor un traité nous permettant de faire exécuter certains travaux d'utilité publique.

Ce Damel mourut peu après et son successeur refusa d'exécuter le traité. Le gouverneur marcha contre lui et le força à se soumettre. Deux mois plus tard, il se souleva de nouveau; il fut vaincu et remplacé par un autre Damel, Madiodio, un autre concurrent, le chef Latdior, se souleva contre notre protégé.

Le commandant Jauréguiberry dut marcher contre lui et rétablit Madiodio qui avait été renversé. Mais Latdior ne perdit pas courage et recommença plusieurs fois la lutte. Enfin, en 1864, Faidherbe lui infligea une sanglante défaite près de Loro. Depuis, tantôt il se soumit, tantôt il se révolta. Il fut enfin tué dans un combat contre nos troupes en 1886. Pendant ce temps, il y avait dans le

Salam un prophète nommé Maba qui essayait de détrôner le roi du pays et de nous chasser de la contrée. Le colonel Pinet-Laprade le vainquit le 30 novembre 1885 près de la rivière de Paonas. Réconcilié avec nous et nommé Damel, il dévalisa nos traitants et fut tué dans une lutte corps à corps avec un officier que le gouverneur lui avait envoyé pour lui faire des remontrances.

Aujourd'hui le Sénégal se trouve divisé en pays annexés et en pays protégés. Les pays annexés comprennent quatre communes de plein exercice qui sont Saint-Louis, Dakar, Rufisque et l'île de Gorée. Dans les pays annexés les chefs sont nommés par la France et l'impôt est perçu par l'administration française. Dans les pays protégés nous ne percevons pas d'impôts. Les chefs ne sont pas choisis par la France mais doivent être agréés par elle.

La France est représentée par un gouverneur assisté d'un conseil privé ce gouverneur était autrefois un militaire aujourd'hui c'est un gouverneur civil.

Passons au Soudan. Avant d'entreprendre la conquête la France y envoya d'abord des explorateurs parmi eux citons René Pallié, Raffenel, Mage. En 1880, la mission du capitaine Galliéni, aujourd'hui général Galliéni, peut être considérée comme la première ayant un caractère véritablement politique. Il fut attaqué par les Bambaras et fut retenu par Ahmadou presque comme prisonnier, mais comme ce dernier apprit la prise de Kita par le colonel Borgnis Desbordes il remit Galliéni en liberté. C'est à cette époque que commencent les campagnes de guerre. En 1880 le colonel Borgnis Desbordes, de l'artillerie de marine, était nommé commandant supérieur du haut Sénégal. Le but de la campagne qu'il allait diriger était d'assurer les communications entre Médine et Kita, d'y placer des postes et de procéder aux premières études relatives à l'établissement d'une voie ferrée. Il partit le 9 janvier 1881 à la tête de 830 hommes dont 420 combattants.

La colonne parvint à Kita le 7 février on y bâtit un fort puis on revint à Médine.

L'année suivante on apprit qu'un chef Malinke Samory s'avançait vers le Niger, un lieutenant indigène qui lui fut envoyé fut maltraité et menacé de mort. Le colonel Borgnis Desbordes partit à la tête d'une colonne vainquit Samory et rentra à Kita. En 1883, le colonel Borgnis Desbordes occupa Bammoko. Il allait rentrer à Médine lorsqu'il apprit que Samory marchait contre lui, il alla à sa rencontre et le vainquit.

En 1885, Samory à la tête de cinq ou six mille hommes veut bloquer le poste de Nafadié, le commandant Combes alla au secours de la place et réussit à la débloquer.

Quelque temps après Samory faisait demander la paix qui lui fut accordée, mais depuis il a repris plusieurs fois les armes contre nous. pendant ce temps un certain prophète du nom de Mohmadou Lamine prêchait la guerre sainte, il tenta de prendre Bakel mais ne put réussir. vaincu il s'enfuit puis en septembre 1886, il dirigea une nouvelle entreprise, sans plus de succès contre Senoubdou. La même année le lieutenant-colonel Galliéni fut nommé commandant supérieur du Soudan français.

C'est de cette époque que date l'organisation de cette colonie, elle fut divisée en cercles administrés par

des officiers et en pays de protectorat, c'est alors que
furent créés les villages de liberté.

Ces villages ont commencé par être de simples postes
français dont le territoire environnant a été déclaré lieu
d'asile. Des esclaves sont venus s'y établir et la liberté
leur a été assurée, il en a été de même de la population
paisible qui a pu venir s'y installer en toute tranquillité.
Aujourd'hui le Soudan français est toujours divisé en
pays annexés et en pays de protectorat et est placé sous
l'administration de l'autorité militaire à la tête de laquelle
se trouve un lieutenant gouverneur qui est sous la
dépendance du gouverneur du Sénégal.

Depuis lors, les expéditions militaires n'ont pas cessé
au Soudan et elles durent encore, notons seulement les
noms du général Archinard et de l'infortuné colonel
Bonnier qui après s'être emparé de Tombouctou tomba
avec ses compagnons sous les coups des Touaregs.

La Guinée française autrefois nommée Rivières du
Sud est une dépendance du Sénégal qui en a été déta-
chée ; elle est administrée par un gouverneur civil qui
dépend de celui du Sénégal.

Les établissements français de la Côte-d'Ivoire, comprennent les territoires de Grand-Bassam et d'Assinie.
A la suite d'un traité passé entre le commandant Bouet
et les principaux chefs du pays, trois postes français
furent installés dans cette région, mais en 1870 nous
abandonnâmes ces postes sans toutefois renoncer à
notre protectorat dont la garde fut confiée à la maison
Verdier de la Rochelle qui maintint le drapeau français
jusqu'en 1883, époque à laquelle ces postes furent réoc-
cupés par des garnisons françaises.

Ces établissements de la Côte-d'Ivoire sont placés sous

la direction d'un gouverneur civil qui est sous les ordres de celui du Sénégal. Mais cependant la Côte-d'Ivoire jouit d'une autonomie plus grande que la Guinée française ou le Soudan.

En descendant plus au sud, nous trouvons le Dahomey et ses dépendances. Nous possédions en 1890 plusieurs protectorats sur cette côte, celui de Grand-Popo, celui d'Agoné, celui de Porto-Nuovo. Lorsque des différends avec le Dahomey amenèrent une guerre entre nous et ce dernier. Les Dahoméens vaincus signèrent un premier traité par lequel ils reconnaissaient notre protectorat, mais la guerre recommença en 1893. Le commandant de l'expédition fut confié au Général Doods.

Les Dahoméens furent soumis et leur roi Béhanzin fait prisonnier, fut déporté à la Martinique, une partie du Dahomey fut annexé et le reste fut soumis au régime du protectorat, mais ce protectorat déguisait une véritable annexion. Le Dahomey et ses dépendances sont administrés par un gouverneur civil et se rattachent au gouvernement du Sénégal.

Et ils jouissent d'une autonomie analogue à celle des établissements de la Côte-d'Ivoire.

La colonie de l'Ouest-africain comprend deux parties le Gabon et le Congo. Nous sommes installés au Gabon depuis 1842 : « A cette époque, dit M. de Lanessan, la France avait entrepris de concert avec l'Angleterre une campagne anti-esclavagiste sur la côte occidentale d'Afrique, notre marine dût se préoccuper d'avoir sur cette côte un lieu de refuge et de réparation pour ses bâtiments et fit choix du magnifique estuaire du Gabon. Quant au Congo il nous a été acquis par M. de Brazza qui parti en simple explorateur revint avec un traité qui nous

cédait le droit de souveraineté sur le territoire de Brazza-
ville et nous donnait le protectorat des états du roi
Makoko. Le traité a été ratifié le 2 novembre 1882.

Le Gabon et le Congo forment une seule colonie,
sous le nom de Ouest-africain, jusqu'en ces derniers
temps elle a eu M. de Brazza comme gouverneur.

Sur la côte orientale d'Afrique nous possédons la
colonie d'Obock en vertu d'un traité du 11 mars 1862,
mais ce n'est qu'en 1883 que nous en avons pris définitivement possession.

La France a sur Madagascar des droits qui remontent
à l'époque de Louis XIII. Depuis les Hovas s'étaient
rendus les maîtres de toute l'île en soumettant les
autres tribus et nos droits étaient à peu près anéantis
lorsqu'enfin en 1882 on se décida à faire une première
expédition qui aboutit au traité de protectorat de 1885.
Mais ce protectorat était très peu de chose, car il ne
donne à notre résident que le droit de représenter
Madagascar dans ses relations extérieures sans qu'il
puisse s'immiscer en rien dans les questions intérieures.
Heureusement les Hovas ne respectèrent pas ce traité
et en 1885 on dut faire une nouvelle expédition. Le
commandement fut confié au général Duchesnes et elle
aboutit à la prise de Tananarive, à la suite de laquelle
la reine Ranavalo dut signer un traité qui resserrait les
liens du protectorat. Ce traité fut remplacé par un acte
unilatéral d'après lequel la reine Ranavalo faisait don
de ses états à la France.

Quelques temps après Madagascar était déclaré
possession française par une loi, mais la reine n'était
pas dépossédée. On établit un résident civil, mais une
insurrection ayant éclaté on rétablit le régime militaire et

le général Galliéni fut nommé résident. Celui-ci s'aperçut que la présence de la reine était une cause de troubles continuels et se résolut à la déposer. Depuis il a changé le titre de résident contre celui de gouverneur.

Notre colonie de l'Inde française est le dernier débris de notre empire indien perdu sous Louis XV. Elle se compose de cinq établissements Pondichéry, Chandernagor, Yanaon, Karikal et Mahé. Elle a à sa tête un gouverneur à côté duquel se trouve un conseil général élu par les habitants.

Il y a en outre dans chaque établissement un conseil local et des conseils municipaux dans chaque commune.

L'Indo-Chine française comprend la colonie de la Cochinchine française, le protectorat du Cambodge et celui de l'Annam et du Tonkin. Une première guerre avec l'Annam eut lieu en 1858. Dans cette guerre, l'Espagne était notre alliée. Le commandement de l'expédition fut confié successivement aux amiraux Rigault de Genouilly, Charner et Bonnard. En 1862, la cour de Hué demanda la paix. Elle nous céda les trois provinces de Migtho, Bien-Hoa et de Saïgon. En 1867, le gouverneur, l'amiral de La Grandière s'emparait sans tirer un seul coup de fusil de trois autres provinces.

Quelque temps auparavant un traité avec le Cambodge nous en assurait le protectorat. En 1873, le gouverneur de la Cochinchine, l'amiral Dupré, envoya Francis Garnier au Tonkin avec une faible escorte pour assurer la liberté de la navigation du fleuve Rouge. Il fut massacré par les Pavillons-Noirs. En 1874, un traité était signé entre la France et l'Annam. L'Annam s'engageait à avoir une politique semblable à la nôtre. Mais il n'était pas positivement question de protectorat. En outre, l'Annam se déclara indépendant de la Chine.

Mais ce traité fut bientôt violé, le roi Tuduc n'hésita même pas à faire acte de vassalité vis-à-vis de la Chine.

On envoya au Tonkin le commandant Rivière. Il périt dans une sortie contre les Pavillons-Noirs. C'est alors que commença la campagne du Tonkin.

Le commandement des troupes françaises fut donné au général Bouet et celui de l'escadre à l'amiral Courbet. Ce dernier bombarda Thuan-an à peu de distance de Hué et s'en empara. La cour accepta de signer un traité par lequel elle reconnaissait notre protectorat sur l'Annam. Mais il ne fut pas non plus exécuté et la Chine intervint au Tonkin. Malgré cette intervention, la guerre ne fut jamais officiellement déclarée, quoique l'on fut en état de guerre effectif.

Les Chinois reconnurent nos droits par un premier traité à la suite duquel ils tendirent à nos troupes le guet-apens de Bac-lé. La guerre recommença.

L'amiral Courbet s'empara de deux points dans l'île de Formose et bombarda Fou-tché-ou.

Au Tonkin, on délivra Tuyen-Quan où la garnison française, sous les ordres du commandant Dominé, se défendit héroïquement.

On s'empara de Lang-Son, mais on dut battre en retraite. Cette retraite fut un échec de peu d'importance, car la cour de Pékin ne prit pas son succès au sérieux et demanda la paix. En même temps, l'amiral Courbet s'était emparé des Pescadores. Il avait déclaré le riz contrebande de guerre. Par cette dernière mesure, il affamait le Céleste-Empire.

Par le traité de Tien-Tsin, la Chine reconnaissait notre protectorat sur l'Annam et le Tonkin. Malheureusement la joie de la paix fut attristée par la nouvelle de la mort de l'amiral Courbet. Le général de Courcy, nommé commandant du corps expéditionnaire, se rendit à Hué. Là la cour d'Annam lui tendit un guet-apens, l'attaque fut repoussée et le roi prit la fuite dans les montagnes. Le général de Courcy le fit remplacer.

Un résident civil fut d'abord nommé pour le Tonkin et l'Annam, ce fut Paul Bert qui y mourut au bout de peu de temps.

Puis toutes nos possessions indo-chinoises furent réunies sous l'autorité d'un seul gouverneur, mais cela n'empêche pas que chacune des parties de l'Indo-Chine française vive sous un régime différent. La Cochinchine est une colonie complétement soumise à l'administration française. Le Cambodge est un protectorat, il en est de même de l'Annam et du Tonkin qui sont l'un et l'autre en principe sous la souveraineté de la cour de Hué. Mais le protectorat de la France s'exerce plus directement sur le Tonkin.

Le traité du 26 juin 1885 laisse en Annam l'administration du pays aux fonctionnaires annamites, sauf en ce qui concerne les douanes, les travaux publics et en général les services qui exigent une direction européenne ou l'emploi d'ingénieurs ou d'agents européens. En Annam, il n'y a qu'un résident général français qui préside aux relations extérieures, mais sans s'immiscer dans l'administration locale des provinces. Mais au Tonkin il y a des résidents adjoints placés sous les ordres du résident général. Jusqu'en ces derniers temps ils se bornèrent à contrôler les mandarins annamites dont ils pouvaient demander la révocation. Mais nous apprenons par les dernières nouvelles que le gouverneur actuel, M. Doumer, vient de supprimer les mandarins au Tonkin et d'introduire dans cette partie de nos possessions l'administration directe d'agents français.

M. Doumer a également obtenu que dorénavant au Cambodge le conseil des ministres délibérant or de la présente du roi et sous la présidence du résident français.

Nous apprenons également que le gouverneur général ayant exécuté un voyage dans l'Annam pour régler la majorité du roi a décidé que les six ministres annamites se réuniraient désormais sous la présidence du résident supérieur de l'Annam. Les ordonnances royales ne pouvant être promulgées et rendues exécutoires qu'après approbation du résident supérieur.

Le groupe des Iles de la Société comprend les Iles-du-Vent et les iles Sous-le-Vent.

Le groupe des Iles-du-Vent formait autrefois le royaume de Taïti du nom de la principale de ces iles,

En 1842. la reine Pomaré sollicita le protectorat de la France et une convention fut signée, dans ce sens au mois de septembre ; cependant sous l'influence d'un missionnaire anglais, nommé Pritchar, Pomaré refusa d'exécuter le traité. Le capitaine de vaisseau Bruat, d'après l'ordre de l'amiral Dupetit Thouars déposa la reine et prit possession de l'ile au nom de la France. Mais cet acte ne fut pas ratifié par le gouvernement de Louis-Philippe et le protectorat ainsi que le trône de la reine furent rétablis. En 1800, le roi Pomaré successeur de la reine du même nom nous abandonna tous ses droits sur l'ile.

Les iles Sous-le-Vent ne sont pas annexées, mais seulement soumises à notre protectorat dont les liens ne sont même pas très serrés.

Les iles Gambier ont été soumises à notre protectorat en 1844 et elles ont été annexées en 1881. La civilisation des indigènes de l'archipel de Taïti est assez avancée. Ils prennent part à l'élection des conseils locaux.

C'est en 1853 que nous avons pris possession de la Nouvelle-Calédonie. Les indigènes de race canaque ont été parqués dans des réserves où leur nombre diminue de jour en jour.

Nous avons dit plus haut que les indigènes des colonies ne sont pas soumis à notre droit privé et qu'ils ne jouissent pas non plus des droits publics. Mais à côté de la règle il y a les exceptions.

D'abord il peut arriver qu'on leur accorde un droit purement local en ce qui concerne les élections au conseils généraux des colonies et aux conseils municipaux.

Ainsi en Algérie dans les communes de plein exercice à côté de la liste des électeurs français il y a la liste des électeurs indigènes et chacune de ces deux listes élit un certain nombre de conseillers municipaux. Les indigènes ne sont pas électeurs pour les conseils généraux des départements algériens. Les conseillers généraux indigènes sont nommés par le gouverneur (1).

Mais outre cela il y a des colonies où les indigènes sans adopter le statut personnel français ont le droit de voter pour l'élection des représentants de la colonie au

_____

(1) Depuis que ces lignes ont été écrites un décret a accordé des représentants aux indigènes dans les délégations financières nouvellement créées.

4. c

parlement, les colonies sont le Sénégal et l'Inde française.

Pour leur accorder ces droits on se base sur un décret de 1848 qui dispense de toute preuve de naturalisation les habitants indigènes du Sénégal et dépendances, et des établissements français de l'Inde, pourvu qu'ils justifient d'une résidence de plus de cinq ans dans les dites possessions.

Mais selon nous c'est là une erreur d'interprétation, car si le décret dispense de toute preuve de naturalisation il ne s'ensuit pas le moins du monde qu'il dispense de la naturalisation elle-même. D'ailleurs en quoi consiste la nationalité? elle ne consiste pas seulement dans la jouissance des droits politiques, elle consiste aussi dans la soumission aux lois civiles. Quoiqu'il en soit dans l'Inde et au Sénégal on admet les indigènes à exercer les droits politiques sans pour cela adopter de lois civiles.

Mais dans l'Inde ils ont le droit de renoncer à leurs statuts antérieurs c'est-à-dire à la législation de Manou ou à la législation Coranique suivant qu'ils appartiennent à la religion brahamanique ou à la religion musulmane pour être régis suivant la loi française.

Ceux qui agissent ainsi sont appelés Indiens renonçants.

Dans l'Inde française il y a trois listes électorales, la liste européenne, la liste des renonçants et la liste des non renonçants. Chacune de ces listes nomme ses élus à part pour les conseils municipaux, les conseils locaux et le conseil général de la colonie.

Tous les électeurs votent ensemble pour l'élection du

député et leurs élus prennent également part à l'élection du sénateur.

Mais quelle est au juste la valeur du droit électoral des Indigènes de ces colonies. Est-ce un droit complet qui les suit partout où ils vont ? Ont-ils le droit de voter lorsqu'ils se trouvent dans une autre colonie française ou même lorsqu'ils se trouvent en France ?

Dernièrement la loi de 1889 sur la nationalité a été, avec quelques modifications, étendue par un décret aux colonies autre que la Martinique, la Guadeloupe, et la Réunion. Car dans ces trois colonies la loi était déjà applicable par elle-même. A cet effet, on a réuni une commission extra-parlementaire et dans les séances de cette commission, on a agité la question des droits des Indigènes.

Mais on n'a pas pu s'entendre et le décret a décidé qu'il ne serait rien changé à leur situation autrement dit que les questions controversées resteraient controversées.

Le député de l'Inde, M. Pierre Alype, soutenait que les Indiens non renonçants étaient absolument citoyens français tout en conservant leur statut personnel d'origine, et il proposait en outre d'étendre ce système à toutes nos colonies. Voici le texte de sa proposition :

Article 1er. — « Sont Français et jouissent des droits civils. »

Les Indigènes des colonies françaises. Néanmoins ils peuvent continuer à jouir de leur statut personnel, Ils peuvent néanmoins à l'âge de 21 ans accomplis renoncer à leur statut pour être régis par les lois civiles de la France.

Ils peuvent, quel que soit le statut personnel auquel

ils sont soumis, être admis à jouir des droits de citoyens français, conformément aux lois constitutionnelles et électorales.

Pour quiconque a l'esprit juridique, il est certain qu'on ne pouvait adopter une pareille proposition. En effet, pour être citoyen français, au sens absolu du mot, il faut que sur aucun point de droit, quel qu'il soit, qu'il s'agisse de l'ordre civil, politique, répressif ou autre, il ne subsiste plus aucune différence entre celui qui devient citoyen français et les citoyens français d'origine.

La proposition de M. Pierre Alype aurait pu s'admettre à la rigueur sous l'ancien régime, car alors chaque province avait ses lois et il pouvait en être de même des colonies.

Mais le consulat exécutant d'ailleurs les décisions de la Convention et de la Constituante, a doté tous les Français d'un code uniforme, ce serait détruire l'œuvre de la Révolution française que de permettre qu'un citoyen français puisse vivre sous un autre régime que celui du Code civil. Mais que dis-je? Ce serait plus haut que l'ancien régime, ce serait à la personnalité des lois de l'époque mérovingienne que l'on remonterait si un électeur parisien pouvait vivre à son gré sous le régime du Code civil ou des lois de Manou. Car la proposition de M. Pierre Alype tendait à donner le droit de voter à Paris à l'indou non renonçant qui venait s'y fixer.

D'ailleurs, pour être logique, on devrait donner les mêmes droits à tous les citoyens français et admettre qu'un Parisien de naissance n'a qu'à se faire musulman pour avoir le droit de pratiquer la polygamie.

Et si l'on permet à certaines législations religieuses

d'entrer en lutte avec le Code civil, pourquoi ne pas l'accorder à toutes et ne pas mettre le catholicisme et le protestantisme sur le pied d'égalité avec la religion musulmane ou celle de Brahma et admettre que le mariage religieux suffira sans le mariage civil ?

C'est notre opinion que soutint M. Le Myre de Viliers dans une autre séance de la Commission. Il déclara que pour être citoyen français il fallait être soumis au droit civil français. « Une exception, dit-il, a été faite en faveur des Indiens de l'Inde, mais on ne peut admettre qu'ils en bénéficient en dehors de leur pays. »

C'est du reste cette opinion qu'a consacrée la Cour de Cassation lorsqu'elle a décidé que les Indiens renonçants étaient électeurs dans n'importe quelle circonscription électorale française où il leur plairait de venir fixer leur domicile et que les Indiens non renonçants étaient électeurs, mais dans l'Inde seulement. Malheureusement il est arrivé plusieurs fois que l'on a inscrit les non renonçants sur les listes électorales en Cochinchine ou à la Réunion.

Dans la même séance l'honorable M. Le Myre de Viliers déclara que la commission devait émettre une opinion de principe : « Veut-elle ? dit-il, que la populade nos colonies soit cosmopolite ou veut-elle défendre notre civilisation ? Si elle veut adopter cette seconde opinion elle ne doit pas étendre démesurément la qualité de citoyen français. Des privilèges ont été accordés, on ne doit pas les retirer mais on ne doit pas non plus adopter le système opposé par lequel on arriverait à avoir des familles polygames à Paris ».

Nous avons dit plus haut que les Indiens renonçants avaient la plénitude des droits des citoyens français. Ceci peut-être douteux car il y a trois listes électorales dans l'Inde, une pour les Européens, une pour les Indiens renonçants, une pour les Indiens non renonçants. Par conséquent les renonçants ne sont donc pas absolument identifiés aux Européens. Pour nous il y aurait un moyen bien simple de trancher la question ce serait de ne faire que deux listes une qui comprendrait tous les citoyens français Européens d'origine ou Indiens renonçants et l'autre les Indiens non renonçants Du reste ce que l'on peut dire à l'appui de l'opinion qui veut que dans l'état actuel de la question la renonciation équivalle à une véritable naturalisation c'est que dans les autres colonies où la renonciation n'existe pas il y a des décrets qui règlent la naturalisation des indigènes et que rien de tel n'existe dans l'Inde française. C'est donc bien que la renonciation équivaut à une véritable naturalisation. Ceci nous amène à parler de la naturalisation.

Pour la naturalisation il ne saurait y avoir de doute. Par elle l'indigène qui la sollicite et qui l'obtient devient véritablement citoyen français. Il est régi par nos lois civiles et il jouit de tous nos droits politiques.

A la différence de ce qui se passe pour la renonciation sa seule volonté ne peut suffire il faut en outre que cette faveur lui soit accordée par décret du Président de la République.

La naturalisation des indigènes de l'Algérie a été réglée par le sénatus consulte de 1865.

Ce sénatus consulte après avoir décidé que l'indigène musulman continuera a être régi par la loi musulmane ajoute : « Il peut sur sa demande être admis à jouir des droits de citoyen, dans ce cas il est régi par les lois civiles et politiques de la France. »

Quand aux formalités à remplir l'indigène doit se présenter devant le maire, l'administrateur ou le chef du bureau arabe suivant qu'il a son domicile dans une commune de plein exercice, dans une commune mixte, civile ou dans le territoire militaire.

On procède à une enquête, on prend des renseignements précis sur sa situation au point de vue de la famille et du mariage. Un décret de 1870 avait autorisé le gouverneur général de l'Algérie à prononcer lui-même la naturalisation.

Mais pour cela il fallait l'autorisation du comité consultatif qui se trouvait placé à côté de lui. Ce comité consultatif ayant été supprimé il s'ensuit que cette disposition est tombée et que la naturalisation ne peut plus être accordée que par un décret présidentiel. La naturalisation n'est accordée en Algérie qu'aux indigènes monogames et en général il en est de même dans toutes les colonies. Cependant cette disposition n'est nullement écrite dans la loi et on pourrait se demander quelle serait la situation des différents mariages d'un Indigène polygame qui se ferait naturaliser.

Il semble qu'en droit il n'y aurait pas à hésiter et que le mariage contracté le premier demeurerait seul valable, mais que les enfants nés des secondes femmes antérieurement à la naturalisation continueraient à êtres légitimes.

Du reste étant donné, ainsi que nous le verrons plus tard que chez les musulmans le mari peut casser le mariage par un acte uni-latéral de simple répardiation, il est très simple pour un indigène polygame de devenir monogame.

Lorsqu'un indigène se fait naturaliser le statut de sa

femme et de ses enfants est-il modifié autrement dit, bénéficient-ils de la naturalisation de leur épouse et de leur père ?

D'après Messieurs Weis et Hamel il n'en est rien et la naturalisation profite au mari et au père seul.

Pour la chancellerie et le conseil d'État au contraire la naturalisation s'applique à la femme et aux enfants mineurs il n'y a que les enfants majeurs qui ont besoin d'un acte de naturalisation spéciale. Suivant nous il y a lieu d'appliquer par voie d'analogie la loi qui règle la naturalisation des étrangers.

D'après cette loi la naturalisation s'applique de plein droit aux enfants mineurs mais elle ne s'applique ni à la femme, ni aux enfants majeurs.

Il doit en être de même pour les Musulmans en Algérie. Ce qui vient d'être dit pour les indigènes algériens est vrai pour ceux de n'importe quelle colonie. Cependant pour les Annamites de Cochinchine, il y a un texte formel qui décide que la femme du Cochinchinois naturalisé le sera également de plein droit. C'est le décret du 25 mai 1881 : « L'indigène Annamite né et domicilié en Cochinchine est Français, néanmoins, il continue à être régi par les lois Annamites conformément à la législation en vigueur. Il peut sur sa demande à partir de l'âge de 21 ans être appelé à jouir des droits de citoyen français, dans ce cas, il est régi ainsi que sa femme et ses enfants par les lois civiles et politiques applicables aux Français. » Le texte dit d'abord que l'Indigène annamite est français. Le sénatus-consulte de 1865 disait la même chose pour les Arabes de l'Algérie et il en est ainsi d'une façon générale pour les Indigènes de toutes les colonies, comme nous l'avons dit ailleurs au commencement de ce chapitre.

Par conséquent il s'ensuit que la naturalisation ne change pas la nationalité de l'Indigène, elle lui donne seulement le titre de citoyen français et alors il se trouve dans une situation identique à celle des Français d'origine, il jouira des droits politiques, il renoncera entièrement à son statut personnel pour être régi entièrement par le code civil. Ajoutons qu'il sera complétement soustrait aux mesures administratives disciplinaires qui ont été établies spécialement pour les Indigènes. Mais il en est autrement dans les pays de protectorat où l'indigène aurait une nationalité autre que la nationalité française. Dans ce cas, il y a donc pour lui un changement de nationalité et aussi en résulte-t-il que si dans les colonies, toute demande de naturalisation doit-être agréée par le gouvernement dans les pays de protectorat au contraire il ne peut être fait droit à cette demande que si le postulant remplit certaines conditions.

La naturalisation en Tunisie a été réglementée par le décret du 22 juillet 1887, dont voici le texte : « Les indigènes tunisiens peuvent être naturalisés lorsque pendant trois ans ils ont servi dans les armées françaises de terre ou de mer ou rempli des fonctions civiles rétribuées par le Trésor français, ou encore lorsqu'ils ont rendu des services exceptionnels à la France. »

Pour l'Annam et le Tonkin, c'est un seul et même décret qui a réglementé la naturalisation des indigènes et celle des étrangers, c'est le décret du 29 juillet 1887, dont voici le texte :

« Article 1er. — Peuvent, après l'âge de 21 ans accomplis, être admis à jouir des droits de citoyens français l'étranger qui a justifié de 3 ans de résidence, soit en Annam at au Tonkin, soit en Cochinchine, et en dernier lieu en Annam et au Tonkin.

Deuxièmement. — L'indigène annamite ou tonkinois qui pendant 3 ans aura servi la France soit dans les armées de terre et de mer, soit dans les fonctions et emplois civils rétribués par le Trésor français.

Art. 2. — Ce délai peut être réduit à une année en faveur des individus mentionnés à l'article précédent qui auraient rendu à la France des services exceptionnels.

Mais outre la naturalisation ordinaire qui ne peut être accordée qu'à un seul individu, il y a la naturalisation en masse qui peut être accordée à toute une catégorie d'indigènes d'une colonie ou même à tous les indigènes d'une colonie.

Il n'en a été fait qu'une seule fois usage, c'est en faveur des indigènes israélites d'Algérie. Ce décret a été souvent attaqué, on lui a reproché de favoriser les Juifs aux dépens des Arabes.

A cela on peut répondre que si l'on n'accorde pas la naturalisation en masse aux indigènes musulmans c'est qu'ils n'en veulent pas. Ils tiennent à la législation coranique et aux coutumes kabyles, tandis que les Israélites n'ont pas demandé mieux que d'adopter la législation française.

Toutefois selon nous ce décret a été une faute car nous avons mis ainsi les indigènes israélites dans une situation supérieure à celle des autres indigènes. D'autant plus que rien n'empêchait les juifs d'Algérie de demander la naturalisation à titre individuel.

D'ailleurs si les Juifs ont accepté la loi française sous le rapport des mœurs ils ne se sont pas suffisamment assimilés à notre genre de civilisation.

Quelques temps après le décret de 1870 a paru un second décret explicatif du premier qui obligeait les Juifs qui voulaient en profiter à remplir certaines formalités. C'est pour ne pas les avoir remplies qu'un certain nombre d'eux ont été rayés dernièrement des listes électorales.

Quelques personnes ont proposé d'abroger le décret Crémieux, mais ceci ne peut se faire, on n'abroge pas un décret de naturalisation. Mais si on ne doit pas le rapporter, on doit en restreindre l'interprétation autant que possible. Voici la question qui s'est posée :

En 1882, la France s'est annexée définitivement le Mzab qui se trouvait auparavant sous son protectorat. Le décret Crémieux s'applique-t-il aux Israélites du Mzab ?

D'ailleurs, a-t-on ajouté, le décret Crémieux n'est pas un décret de naturalisation, c'est un décret d'émancipation comme celui qui, sous la Constituante, a accordé les droits de citoyens aux Israélites français. Or, un décret d'émancipation doit toujours s'entendre dans le sens le plus large. Pour nous, nous nous prononçons pour la négative, car nous pensons que le décret Crémieux est un décret de naturalisation et s'il était autre chose il ne pourrait être un décret d'émancipation, mais un décret accordant un privilège. Or, tout privilège doit s'entendre dans son sens le plus étroit.

En effet, le décret de la Constituante était un décret d'émancipation, puisqu'il mettait les Israélites français sur le pied d'égalité avec leurs concitoyens.

Le décret Crémieux au contraire, ne faisait pas des juifs les égaux des arabes, il en faisait bel et bien leurs supérieurs. Avant la conquête française, les juifs étaient dans une situation inférieure à celle des Arabes comme dans tous les pays Islamites tout ce qui n'est pas musulman.

Après la conquête, nous les avons mis sur le pied d'égalité avec les Arabes, nous devions aller jusque-là, mais pas plus loin.

Le décret Crémieux accordait donc un privilège, il n'était pas, par conséquent, un décret d'émancipation. On doit donc l'interpréter comme nous l'avons dit plus haut, dans le sens le plus restrictif et ne pas en accorder le bénéfice aux Israélites du Mzab.

Une question analogue s'est posée pour les Israélites d'origine tunisienne ou marocaine. On sait que la loi de 1889 sur la nationalité décide que l'étranger qui est né en France et qui s'y trouve domicilié lors de sa majorité devient Français de plein droit s'il prend part aux opérations de recrutement sans exciper de son extranéité et qui en outre la nationalité française est imposée de plein droit à celui qui naît en France d'un étranger qui lui-même y est né.

Ces règles s'appliquent à l'Algérie, mais les Musulmans au lieu d'acquérir la qualité de citoyens français acquièrent seulement celle de sujets français et continuent a être régis par la loi Islamite c'est-à-dire qu'au lieu de se fondre dans la population française ils se fondent dans la population musulmane. Que doit-on décider pour les Israélistes des pays musulmans ?

On a dit que le décret Crémieux leur était applicable. Selon nous le décret Crémieux n'a rien à voir à la question. Si la nationalité française doit-être accordée aux Israélites marocains ou Tunisiens ce n'est pas en vertu de décret Crémieux mais en vertu de la loi de 1889 sur la nationalité.

Le tout à notre avis est de rechercher pour quel motif les Musulmans venus du Maroc ou de la Tunisie ne deviennent pas citoyens français.

Est-ce parce qu'ils ne sont pas d'origine européenne ou parce qu'ils sont musulmans, ou pour mieux dire parce que leur statut personnel était régi antérieurement par la loi musulmane, car une fois pour toute lorsque nous disons musulmans ou israélites nous voulons dire par là régis par le statut personnel musulman ou par le statut personnel israélite car la législation française étant une législation purement laïque elle n'a pas à s'occuper de la religion que peut professer tel ou tel individu.

Au premier abord on peut-être tenté de dire que c'est parce qu'ils ne sont pas Européens.

L'Algérie étant un pays où la plus grande partie de la population n'a pas notre genre de civilisation il peut paraître naturel qu'on n'y accorde la qualité de citoyen français qu'à ceux qui appartenaient auparavant à une nation ayant un genre de civilisation analogue à la civilisation française, c'est-à-dire à une nation européenne ou américaine. Dans ce cas il est certain que les israélites des pays islamites n'acquèrent pas plus la qualité de citoyens français que les musulmans du même pays.

Mais il n'y a aucun texte sur lequel on puisse s'appuyer pour interpréter ainsi la loi et il semble plus exact de dire que puisqu'on se trouve sur un territoire où la plus grande partie de la population est régie par le statut personnel musulman, les fils d'étrangers qui étaient déjà régis par cette loi, au lieu d'acquérir la qualité de citoyens français, acquéreront celle d'indigènes musulmans.

Ils acquéreront toujours la nationalité française, puisque les indigènes musulmans d'Algérie sont sujets français.

Dans ce cas, les israélites d'origine tunisienne ou marocaine acquéreront la qualité de citoyens français.

Depuis 1870 plusieurs propositions de loi ont été faites à la Chambre pour accorder la naturalisation en masse aux indigènes musulmans. Mais elles ont toujours rencontré les protestations de ces derniers. Nous les discuterons lorsque nous parlerons des réformes à introduire dans l'état actuel de la législation. Dans la loi d'annexion des îles Taïti, il est dit, que la nationalité française sera acquise de plein droit aux anciens sujets du roi de Taïti. On a voulu y voir une naturalisation en masse.

Mais remarquons que la loi dit la nationalité française et non pas la qualité de citoyen français Il n'y a rien de bien nouveau car les indigènes de toutes les colonies ont la nationalité française, mais ils sont sujets français au lieu d'être citoyens français. Du reste la loi leur a conservé certaines de leurs coutumes et même une partie de leurs anciennes juridictions c'est donc bien qu'ils ne sont pas citoyens français.

Il importe peu qu'ils aient certains droits électoraux ce sont là des droits essentiellement locaux. Ils sont du reste moins étendus que ceux des indigènes du Sénégal ou de l'Inde française puisque la colonie n'a pas de représentants au parlement.

Nous venons donc de voir quelle était la situation

des indigènes de nos colonies au point de vue des droits politiques. Il reste à voir quelle est leur condition au point de vue des droits civils.

En théorie on distingue trois sortes de droits les droits politiques, les droits civils stricto-sensu, les droits naturels. On réunit souvent les droits civils stricto-sensu et les droits naturels sous la même dénomination de droits civils.

Les indigènes des colonies ne peuvent jouir des droits politiques que d'une façon très restreinte et toute locale. Ils jouissent des droits naturels c'est certain.

Dans les séances de la commission chargée de préparer le décret sur l'extension de la loi sur la nationalité aux colonies, il a souvent été question des droits civils, mais personne n'a demandé quels étaient ces droits civils. Or, quand on retire d'une part les droits politiques et d'autre part les droits naturels, on s'aperçoit qu'il ne reste pas grand chose en fait de droits civils *stricto sensu*,

En effet, le droit de vote, celui d'éligibilité, le droit de faire partie d'un jury, l'admissibilité aux fonctions publiques sont les droits politiques. Les droits de propriété, de succession, de contracter, celui d'exercer une profession sont des droits naturels. Que reste-t-il donc en fait de droit civil *stricto-sensu* ?

Le droit pour la femme d'avoir une hypothèque légale sur les biens de son mari, mais la question ne pourra pas se poser pour les indigènes de nos colonies, car il arrivera souvent que leur statut matrimonial ne l'admettra pas. Cela arrivera notamment au droit musulman et pour deux raisons. La première est que le droit musulman n'admet pas d'hypothèque. Un musulman d'Algérie pourra bien hypothéquer ses biens en se référant à la loi française, cela sera d'autant plus facile que cette loi régit en principe les immeubles algériens, mais il ne pourra pas se faire que son contrat de mariage organise une hypothèque légale.

La seconde raison est que ce qu'on appelle dot en droit musulman n'a aucune analogie avec ce qu'on appelle dot en droit français, et qu'à proprement parler c'est même tout le contraire. La jurisprudence des tribunaux de l'Inde française a bien accordé un moment l'hypothèque légale à la femme musulmane, sur les biens de son mari, mais c'est là une erreur sur laquelle la jurisprudence dont nous parlons semble d'ailleurs être revenue. Sera-ce le droit d'être tuteur, curateur, subrogé-tuteur, membre d'un conseil de famille? Mais il semble que la jurisprudence considère le droit d'être tuteur comme un droit naturel s'il s'agit des propres enfants des personnes appelées à la tutelle et comme un droit politique dans les autres cas. La solution doit être analogue pour le subrogé-tuteur ou le membre du conseil de famille.

Sera-ce le droit d'adopter ou d'être adopté? Mais comment l'indigène des colonies pourra-t-il adopter ou être adopté suivant la loi française s'il n'est pas régi par le statut personnel français et si son statut personnel n'admet pas l'adoption et lui fait produire des effets différents. D'autant plus que le principal effet de l'adoption est de donner des droits à l'adopté dans la succession de l'adoptant, et comment un indigène de nos colonies pourrait-il adopter suivant la loi française si sa succession n'est pas régie par celle-ci ?

Il ne restera donc qu'un seul droit pour lequel la

question pourra se poser, c'est le droit de plaider devant les tribunaux français sans être obligé de fournir la caution *judicatum solvi* et le droit de la demander à l'étranger qui sera demandeur devant le tribunal français.

Il est bien certain qu'un indigène de nos colonies pourra plaider librement devant nos tribunaux, il serait par trop injuste si l'accès du prétoire lui était interdit dans son propre pays. En ce qui concerne l'Algérie, du reste, les étrangers eux-mêmes d'après l'ordonnance du 16 avril 1843, sont dispensés de fournir la caution *judicatum solvi*, à la seule condition de résider en Algérie, et cette caution ne pourra être exigée que d'un étranger de passage. Un indigène de nos colonies pourra librement plaider sans fournir aucune caution devant n'importe quel tribunal français, en dehors de la colonies où il réside, car l'article 16 du code civil n'oblige que les étrangers à fournir caution.

Pourra-t-il l'exiger d'un étranger qui sera, demandeur, nous répond·ions oui car pour, exiger la caution *judicatnm solvi* il n'est pas nécessaire d'être citoyen français, il suffit d'être Français, et en outre il n'y a rien dans le statut personnel qui s'y oppose. Il faut toutefois faire cette restriction qu'en Algérie un indigène ne pourra pas exiger la caution *judicatum solvi* d'un étranger résidant à demeure dans la colonie mais seulement d'un étranger de passage.

Un droit qui n'est à proprement parler, ni politique ni civil, c'est celui d'être protégé par nos agents diplomatiques quand on voyage à l'étranger. Les indigènes de nos colonies ont ce droit, du reste il y a pour les indigènes algériens un texte formel en ce sens ; c'est le *sénatus-consulte* de 1865.

DEUXIÈME PARTIE

ÉTAT ACTUEL DE LA QUESTION

CHAPITRE I

DES LOIS CIVILES

Nous avons dit plus haut que les indigènes de nos
colonies n'étaient pas soumis à notre droit privé. C'est
là un principe général. Néanmoins on a souvent voulu
en ce qui concerne l'Algérie faire découler cette règle
d'un texte spécial. Ce texte ne serait autre que la capitulation d'Alger. L'article 11 en est ainsi conçu : « La
religion et les coutumes des Algériens seront respectées,
aucun militaire ne pourra entrer dans les mosquées ».
Or chez les musulmans, dit-on, la religion comprend le
droit et en admettant qu'il ne soit pas compris dans la
religion il le sera toujours dans les coutumes. Par conséquent la France n'a le droit de rien changer à la condition des musulmans algériens.

Mais il semble que ce soit là donner à la capitulation
d'Alger un sens bien large. En effet, comprise ainsi,
elle cesse d'être la capitulation d'une simple ville pour
devenir un traité entre deux nations.

Eh ! bien non ! la capitulation d'Alger n'a pas un sens si large. Elle n'a pas prétendu régler autre chose que l'entrée des troupes françaises dans la ville d'Alger et la conduite qu'elles y tiendraient une fois entrées.

En outre elle n'a pas prétendu stipuler autre chose que ce qui est contenu dans les règles générales du droit des gens. En effet comme les Janissaires avaient peur qu'on ne les passât au fil de l'épée il a fallu leur expliquer que ce n'était nullement l'intention de l'armée française.

Le maréchal de Bourmont avait d'abord demandé qu'Alger se rendît à discrétion. Et voici comment Galibert dans son histoire d'Algérie explique les raisons qui ont modifié sa détermination : « Deux Maures les plus riches d'Alger avaient voulu se rendre auprès du général en chef pour le supplier de faire cesser le feu que nos batteries dirigeaient sur la ville, cette grâce leur fut accordée immédiatement. L'un de ces maures, Sidi-Abou-Derbah qui fut depuis syndic d'Alger, parlait très bien le Français, aussi son intervention aplanit-elle bien les difficultés. Sidi-Abou-Derbah fit comprendre au maréchal de Bourmont qu'il fallait abandonner cette demande de reddition à merci car elle n'était propre qu'à exaspérer des hommes barbares qui n'ayant jamais épargné un ennemi vaincu, verraient toujours dans cette clause la mort en perspective. En effet, les premières conditions dictées par M. de Bourmont avaient causé une grande fermentation dans Alger ainsi que dans la Casbah, où l'on ne se faisait pas une juste idée de ce que le général entendait par cette clause, se rendre à discrétion. On pensait que les français avaient l'intention de se livrer aux actes les plus barbares, de là des accès de rage et de fureur. Il était donc indispensable pour ras-

surer les esprits de développer les articles de la capitulation et de les faire expliquer au divan par un des interprètes de l'armée.

M. de Bourmont assembla son conseil et avec le
concours de ses généraux il rédigea une nouvelle convention en ayant soin d'adoucir les conditions qui
avaient jeté tant d'alarme dans la population et la milice
algérienne.

Puis il remit cette pièce, revêtue de sa signature,
aux négociateurs en les faisant accompagner d'un des
principaux interprètes de l'armée. » Nous voyons donc
bien que la capitulation d'Alger ne faisait que régler
l'entrée des troupes françaises dans cette ville et qu'elle
ne renfermait, en somme, en fait de garanties, rien qui
ne fut déjà contenu dans les principes généraux du droit
international et qu'on ne doit nullement la considérer
comme un traité entre la France et les Algériens.

Du reste un traité, comme tout autre contrat, n'est
valable que s'il a été exécuté de part et d'autre ; or la
capitulation d'Alger n'a pas entraîné la soumission de
toute l'Algérie et il a fallu la conquérir pied à pied, et
depuis les Algériens se sont révoltés à plusieurs reprises
Ce n'est donc pas en vertu de la capitulation d'Alger
que les musulmans algériens continuent à être régis par
leur ancien droit privé, c'est en vertu d'un principe
général qui veut que quand les puissances européennes
s'annexent un territoire extra-européen, les lois de cette
puissance européenne ne s'appliquent pas *ipso facto* aux
habitants de ce territoire.

Il s'ensuit que si la France le voulait elle pourrait
appliquer le Code civil aux indigènes musulmans d'Algérie ; si elle ne le fait pas, c'est qu'elle ne le veut pas.

et elle a raison d'agir ainsi, du moment que les musulmans d'Algérie préfèrent garder leur droit privé. Il est plus juste et plus politique de ne pas les violenter, quitte à ne pas leur accorder les droits de citoyens en échange. Il suffit d'ouvrir les portes de la naturalisation aussi grandes que possible à ceux qui la demandent et d'agir sur la masse par persuasion petit à petit et par degrés.

Le premier texte qui ait réglé la condition des indigènes musulmans en Algérie est le *sénatus-consulte* du 14 juillet 1865. Il s'exprimait en ces termes :

« L'indigène musulman est Français, néanmoins il continue à être régi par la loi musulmane. »

Cette partie du *sénatus-consulte* a été remplacée depuis par le décret de 1886 sur l'organisation de la justice musulmane en Algérie, et les premiers articles de ce décret ont été reproduits à peu près dans les mêmes termes par les articles correspondants de celui du 17 avril 1889 qui s'exprimait ainsi :

« Article 1er. — Les musulmans résidant en Algérie non admis à la jouissance des droits de citoyens français continuent à être régis par leurs lois et coutumes en ce qui concerne : leur statut personnel, leur succession, ceux de leurs immeubles dont la propriété n'est pas établie conformément à la loi du 26 juillet 1873 ou par un titre français administratif notarié ou judiciaire. »

Article 2. — Ils sont régis par la loi française pour toutes les matières non réservées à l'article précédent ainsi que pour la poursuite de leurs crimes, délits et contraventions. En matière personnelle et mobilière le juge tiendra compte dans l'interprétation des conventions dans l'appréciation des faits et dans l'admission de la preuve des coutumes et usages des parties ».

Donc en matière de statut personnel, en matière de succession c'est la loi musulmane qui s'applique.

Parmi les matières de successions il faut entendre les testaments, et au statut personnel il faut rattacher le contrat de mariage qui est lié intimement au mariage. Pour les immeubles la loi française s'applique aux uns et la loi musulmane aux autres. Depuis que le décret de 1889 a été rendu la loi du 26 juillet 1873 a été remplacée par celle du 16 février 1897, mais le principe reste le même il y a toujours des immeubles régis par la loi française et d'autres par la loi musulmane.

En matière personnelle et mobilière c'est en principe la loi française qui s'applique mais avec les restrictions qui sont contenues dans le décret il s'agit plutôt d'un statut mixte et il semble que le législateur laisse aux juges le pouvoir de puiser à son gré dans l'une et l'autre loi.

Le statut personnel musulman diffère profondément du statut personnel français.

Ainsi que nous l'avons déjà dit.

Il faut distinguer le droit musulman proprement dit, tiré de la religion qui s'applique à la plus grande partie des indigènes de l'Algérie et le droit Kabyle qui ne s'applique qu'aux indigènes de la Kabylie, ce dernier se compose de coutumes et ces coutumes n'ont pas de caractère religieux, elles peuvent varier de tribu à tribu, et même de village à village. On peut cependant en tirer certaines règles générales.

En droit musulman il y a deux majorités une quant à la personne qui permet au majeur de disposer de lui-

même et une quant aux biens qui lui permet de gérer
sa fortune. La situation du majeur quant à la personne
n'est pas sans avoir quelque analogie avec celle du
mineur émancipé du droit français puisque celui-ci ne
peut faire sur ses biens aucun acte de dispositions sans
l'autorisation de son curateur. La première de ces deux
majorités est fixée par la puberté et l'âge de la puberté
est en principe une question de fait toutefois les Hanéfites la fixent à l'âge de quinze ans et les Malékites à
l'âge de 18 ans.

Quant à la seconde majorité, celle quant aux biens
elle n'est pas non plus déterminée d'une façon exacte,
on remet à l'enfant la gestion de son patrimoine lorsqu'on le juge capable de l'administrer. L'administration
des biens du mineur est confiée à son père, il suffit que
celui-ci laisse son fils en disposer librement pour que
ce dernier soit réputé majeur Si le père est mort et que
les biens du mineur soient andministrés par un tuteur
il faut que celui-ci accorde au mineur un acte d'émancipation, celui-ci peut provoquer cet acte en s'adressant
au cadi. Les coutumes Kabyles ne reproduisent pas
ces distinctions de la majorité, quant à la personne et
de la majorité, quant aux biens et il semble que dans
ces coutumes, l'enfant soit complétement majeur une
fois parvenu à la puberté

La puberté en droit Kabyle est comme en droit musulman une question de fait, on la fixe pourtant en
général vers la quinzième ou seizième année.

Le pouvoir sur la personne et sur les biens durant
la minorité est exercé par le père en droit Kabyle
comme en droit musulman, comme chez tous les
peuples du reste, mais il y a une institution du droit

musulman qui n'est pas reproduite par les coutumes
Kabyles, c'est celle de la Hadanah où puissance maternelle : « La Hadanah dit M. Zeys, est une tutelle affec-
tueuse, véritable démembrement de celle exercée par
le père et qui résiste même à la dissolution du mariage.
L'allaitement en fait partie Elle consiste en des soins
physiques qu'une mère seule peut donner à son enfant.
Au père l'éducation morale, l'administration des biens,
à la femme l'éducation physique, le choix de la demeure,
des aliments, des vêtements etc., sous le contrôle du
tuteur quel qu'il soit. La Hadanah est donc à la fois un
droit et un devoir. On ne peut l'en dépouiller que dans les
cas prévus par la loi, c'est la revanche de la mère sur
la femme si maltraitée par la législation musulmane. »

A la mort du père la tutelle peut être légitime, testamentaire ou judiciaire. La mère, peut être chargée de la
tutelle testamentaire, elle n'est jamais appelée à la tutelle
légitime.

Nous avons déjà dit que la majorité s'acquérait par
la puberté, cela est vrai de l'homme, il en est de même
pour la femme chez les Hanéfites, mais il n'en est pas
ainsi dans les autres rites, chez les Malékites notamment
la femme ne devient majeure que par la consommation
du mariage ou si l'on aime mieux par la cohabitation
effective des époux.

Quand à la tutelle, quant aux biens, si main levée n'en
a pas été donnée par son tuteur ou par son père elle
cesse d'après M. Zéys après un séjour d'un an au domicile de son mari.

Chez les Kabyles la femme n'est jamais sui juris, la
veuve ainsi que la femme répudiée retombe sous la
domination de sa famille.

Les principes que nous venons d'exposer sont ceux du droit musulman pur, la jurisprudence française d'Algérie (nous verrons plus tard quand et dans quel cas les tribunaux français sont appelés à se prononcer sur les questions de droit musulman), admet que l'homme est pubère et majeur lorsqu'il atteint ses 18 ans. Elle rejette la différence entre la majorité quant à la personne et la majorité, quant aux biens et si le jeune homme de 18 ans n'est pas toujours maître de son patrimoine ce n'est pas à titre de mineur mais à titre d'interdit.

C'est donc que l'interdiction existe en droit musulman en effet, voici ce que Clavel dit à ce sujet : « Tout individu atteint de démence, de fureur, d'imbécillité en un mot d'oblitération des facultés naturelles peut être interdit. C'est là une mesure ordonnée tant dans l'intérêt public que dans celui de l'insensé lui-même. Le prodigue, celui qui dissipe son patrimoine sans raison peut également être privé de sa capacité civile et être mis en tutelle. Le droit de prononcer l'interdiction appartient au magistrat qui peut agir d'office ou sur la demande d'un parent au degré successible.

Il n'y a pas pour l'interdit d'autre tutelle que celle du magistrat, qui seul administre ses biens et autorise les actes que comporte cette gestion, sauf à déléguer telle personne de son choix pour l'administration du patrimoine de l'incapable. On voit donc que l'interdiction existe en droit musulman non seulement pour celui qui est atteint de démence, de fureur ou d'imbécillité, mais aussi pour le prodigue. Il convient même de dire que le prodigue est assimilé au fou. « Il faut être fou, disent les jurisconsultes musulmans, pour dilapider les biens

qui vous viennent de Dieu. » Ajoutons toutefois que si
l'on retire au prodigue l'administration de ses biens, il
ne subit aucune diminution de capacité en tout ce qui
touche à sa personne.

En droit kabyle, au contraire, si l'interdiction existe
pour cause de folie, elle n'existe pas pour cause de pro-
digalité. Voici comment s'exprime à ce sujet le général
Hanoteau et son collaborateur M. Letourneux :

« L'individu atteint de démence, de fureur ou d'imbécillité, est confié à la garde de ses parents qui administrent ses biens et pourvoient à ses besoins, ceux-ci n'ont
le droit d'aliéner ses immeubles que pour satisfaire à
ses dettes et pourvoir à son entretien. La vente doit
avoir lieu aux enchères publiques. On ne peut interdire
le prodigue ni lui imposer un conseil judiciaire. »

Le droit musulman, ainsi que chacun le sait, autorise
la polygamie, mais il n'est cependant pas permis à un
musulman d'avoir plus de quatre femmes légitimes à la
fois. « N'épousez que peu de femmes, dit le Coran, deux,
trois ou quatre seulement parmi celles qui vous auront
plu. »

Outre ses quatre femmes légitimes, le musulman
peut avoir des concubines, mais ces concubines doivent
être prises parmi les esclaves ou les affranchies du
maître, or comme l'esclavage a été aboli en Algérie, les
indigènes algériens s'en trouvent donc réduits aux
quatre femmes légitimes.

Le mariage chez les musulmans se divise en deux
parties distinctes. La première, la convention de mariage
qui ressemble sous certains rapports à ce que nous
appelons les fiançailles, mais qui s'en distingue cependant en ce qu'elle produit un effet légal par elle-même.

La seconde est la consommation du mariage, ou pour parler plus exactement, la cohabitation effective des époux ou la mise de la femme à la disposition du mari qui est constituée par ce qu'on aurait appelé en latin la *deductio in domum mariti*.

Avant même la convention de mariage, il faut noter la demande en mariage qui produit deux effets légaux. Le premier est qu'il est défendu à un second prétendant de solliciter la même femme avant qu'il ait été répondu à la demande du premier. Cette règle s'appuie sur l'un des hadits du prophète : « Il n'est pas permis de demander une femme qui a été l'objet d'une demande précédente, il faut attendre avant de faire la seconde demande qu'il ait été statué sur la première. » Le second effet légal de la demande est de permettre à celui qui la fait de fixer les conditions qu'il veut rencontrer chez sa future épouse, s'il ne les rencontrait pas il pourrait demander la nullité du mariage.

Les conditions requises pour la validité du mariage sont :

1º Le consentement des époux;

2º La constitution d'une dot au profit de la femme;

3º L'absence d'empêchement légal;

4º La présence de deux témoins.

En droit musulman, à la différence du droit français, le droit de consentir au mariage au lieu d'appartenir aux époux eux-mêmes appartient à leur père. Celui-ci a même le droit d'imposer malgré eux un mariage à ses enfants. C'est ce qu'on appelle le droit de djébre. Ce droit s'exerce sur le fils jusqu'à la puberté suivant tous les rites et sur les filles jusqu'à la nubilité suivant les Hanéfites et jusqu'à la consommation du premier

mariage suivant les autres rites et notamment suivant
les Maléchites.

On se demande comment le droit de contrainte matrimoniale peut s'exercer sur des impubérés, mais c'est
le cas de rappeler la différence entre la convention de
mariage et la mise de la femme à la disposition du mari.
Le droit de contrainte du père vis-à-vis de l'impubère
s'applique à la convention de mariage. Mais il est a
remarquer que ce droit est plus fort vis-à-vis de la fille
que vis-à-vis du fils. Car pour ce qui concerne le fils il
échappe d'abord complétement au droit de djébre suivant tous les rites une fois qu'il est parvenu à la puberté.
Ensuite une fois pubéré il peut divorcer, ainsi que nous
le verrons plus tard par un acte unilatéral de simple
répudiation, il n'a donc qu'à répudier la femme que son
père lui a imposée. En ce qui concerne la fille au contraire elle continue à être soumise au droit de djébre
même après la nubilité dans la plupart des rites et si
d'après les Hanéfites, elle échappe au droit de djébre
une fois nubile, cela n'empêche pas qu'elle doit respecter le mariage que son père lui a fait contracter antérieurement.

Pour justifier leur opinion d'après laquelle le droit de
contrainte n'existe plus vis-à-vis de la fille nubile, les
Hanéfites citent l'exemple du prophète lui-même qui
consulta sa fille Fatima avant de la marier à Ali.

Quels sont maintenant les contraignants, voici comment M. Zeys s'exprime à ce sujet : « Le père est le
plus éminent des contraignants, après lui, le tuteur
testamentané *ouaci* exerce la contrainte lorsqu'elle lui
est expressément déléguée. Ce sont les deux seuls
contraignants suivant les Maléchites. A défaut du père

ou du ouaci, le Kadi exerce une sorte de contrainte administrative vis-à-vis de la jeune fille considérée comme orpheline, en ce sens qu'elle est privée de tout contraignant, mais il ne s'agit par là de contrainte proprement dite car la contraignable doit consentir au mariage qui lui est proposé.

La femme n'exerce pas le droit de contrainte, toutefois quand elle a été instituée tutrice testamentaire, elle peut contraindre ses enfants mâles, pour les enfants du sexe féminin, elle agit par l'intermédiaire d'un mandataire. »

Cette interdiction pour la mère de marier elle-même, sa fille s'appuie sur un des hadits de prophète ainsi conçu : « Une femme ne marie pas une autre femme. »

La jurisprudence française d'Algérie fait tout ce qu'elle peut pour restreindre autant que possible le droit de djebre. Elle profite de toutes les controverses qui s'élèvent entre les docteurs musulmans pour se prononcer toujours dans le sens le plus libéral. Elle a même été aussi loin que possible dans cette voie. Ainsi dans le cas d'une fille pubère contrainte par son père et qui demandait la nullité de son mariage, la Cour d'Alger, par un arrêt du 9 avril 1895, a décidé que puisque les quatre rites Hanéfite, Maléchite, Chaféite et Hambalite étaient également orthodoxes, les tribunaux avaient le droit d'appliquer le rite le plus libéral et par conséquent il y avait lieu d'appliquer, dans le cas présent, le rite Hanéfite qui abolit le droit de contrainte du père sur la fille nubile, et en conséquence de prononcer la nullité du mariage. Lorsque le fils est soustrait au droit de djebre, il peut donner par lui-même son consentement au mariage suivant tous les rites. Quant à la fille, voici comment s'expriment à ce sujet MM. Sautayra et Cherbonneau : « La femme qui suit le rite Hanéfite consent elle-même ou par un représentant spécial nommé *Ouali*. Le mariage d'une fille, libre et saine d'esprit, dit l'iman Abou-Hanifa, peut avoir lieu sans l'intervention d'un Ouali. » L'iman Mohamed a soutenu le contraire, mais l'opinion du fondateur de la secte a été adoptée et elle est seule suivie ainsi que l'atteste Mouradja d'Ohsson.

Dans le rite Maléchite et dans le rite Chaféite, la femme ne peut pas donner elle-même son consentement, la présence du Ouali est dans ces rites une condition essentielle à la validité du mariage, à un tel point dit Ibn-Saloum, que la présence de la femme sans la présence du Ouali ne ferait pas disparaître la nullité du contrat quand même le Ouali ratifierait plus tard le mariage.

L'institution du Ouali bien antérieure à l'Ismalisme a dû son origine à la condition d'infériorité et de dépendance faite à la femme. Mahomet consacra le principe de l'inégalité des sexes et avec le principe l'usage du Cuali.

Il se soumit lui-même à cet usage et le consacra par les deux Hadits suivants : « Une femme ne peut pas se marier elle-même ». « Ne mariez pas une femme sans Ouali. » Le Ouali n'intervient pas seulement pour représenter la femme, pour suppléer à son incapacité il a la faculté de cacher ses défauts ou de les dévoiler. Il débat et fixe les conditions de l'union conjugale.

Il doit choisir à la femme un mari assorti. » Les docteurs musulmans ont déterminé l'ordre dans lequel les parents de la femme ou d'autres personnes à leur défaut, doivent être appelées à exercer les fonctions du Ouali. Cet ordre diffère selon les rites. Les docteurs musulmans ne sont pas non plus d'accord sur la question de savoir si cet ordre est obligatoire pour la femme.

La jurisprudence française d'Algérie s'est prononcée pour la négative.

Le mandat que la femme donne à son Ouali peut être général ou spécial. Par exemple une femme peut donner à son Ouali le mandat de la marier à un tel ou simplement le mandat de la marier. Dans le cas ou le mandat est général, le Ouali peut l'épouser lui-même. Par conséquent une femme qui ne veut pas épouser son Ouali doit faire une restriction dans le mandat, elle doit l'autoriser à la marier avec n'importe qui sauf avec lui-même.

La seconde condition pour la validité des mariages en droit musulman est la constitution d'une dot. Et, disons tout de suite que si nous employons ce mot dot c'est parceque c'est celui dont se servent la plupart des auteurs, quoiqu'il nous semble qu'il ne convienne guère. En effet, il n'y a rien de plus différent que la dot en droit français et la dot en droit musulman.

En droit français la dot est la somme que la femme apporte au mari pour supporter les charges du mariage. En droit musulman la dot est la somme dont le mari fait cadeau à la femme pour prix de sa personne. On voit donc que la dot musulmane est non seulement quelque chose de différend, mais quelque chose d'absolument contraire à ce qu'est la dot dans le droit français. Harpagon voulait marier sa fille sans dot et épouser une femme qui lui en apporte une, s'il avait été musulman il aurait voulu épouser une femme sans lui donner de dot, il aurait prétendu au contraire en stipuler une aussi forte que possible pour sa fille qu'il eut cherché à intercepter. Il arrive quelquefois en effet, que le père intercepte la dot, c'est ce qui a fait dire qu'il vendait sa fille. Mais si la fille est impubère, il est nécessaire que le père touche la dot pour elle, il devra la lui remettre plus tard.

En admettant qu'il la garde, ce serait une illégalité qui peut se produire sans doute, il est même arrivé souvent qu'elle s'est produite, mais on ne peut en faire un reproche à la législation musulmane et même dans ce cas, la fille reprendra sa dot, par privilège, sur la succession de son père.

Il n'est donc pas juste de dire que le mari achète sa femme et en somme, avec notre système sur la dot, les musulmans seraient aussi fondés à dire qu'en France, c'est la femme qui achète son mari.

Du reste, ce qui prouve que les docteurs musulmans ne considèrent pas le mariage comme une vente, c'est qu'ils ont toujours tenu à le différencier de l'achat des esclaves, que le mari a le droit de prendre comme concubines outre ses quatre femmes légitimes. En effet, ils ont défini le mariage « Le droit de jouir d'une femme sans en payer le prix ».

L'institution de la dot existait avant l'Islamisme dans les coutumes arabes. Mahomet l'a maintenue. « Assignez des dots à vos femmes dit un sourate du Coran ». « Tout mariage sans dot est nul ajoute une autre ». « Si vous répudiez votre femme ne lui ôtez pas la dot qu'elle a reçue de vous » dit une troisième. Voici d'après Messieurs Sautayra et Cherbonneau ce que les juris-

consultes musulmans ont décidé par voie d'interprétation : « primo que la femme avait un droit acquis sur la
dot dès que le mariage était conclu. Secundo que le
mari qui répudiait sa femme avant qu'elle ne soit nubile
ou qu'elle n'eut été introduite chez lui et qu'elle n'eut
été placée sous sa puissance maritale devait payer la
moitié de la dot stipulée. Tertio, que si le mari meurt
avant la consommation du mariage les héritiers sont
tenus envers la femme de la moitié de la dot ». Le
minimum de la dot est fixé dans chaque localité par
l'usage, il n'y a pas de maximum.

Cette dot, dite dot coutumière est celle qui est due
par le mari, dans le cas où le montant n'en aurait pas
été fixé par le contrat : « Chez les anciens Arabes, disent
MM. Sautayra et Cherbonneau, la dot pouvait con-
sister en espèces d'or et d'argent, en marchandises, en
effets mobiliers, en troupeaux.

Le prophète consacra cet usage en livrant à Kadidja
des chameaux et en approuvant une dot composée
d'un vêtement. Aussi les jurisconsultes, généralisant
la décision du fondateur de l'Islamisme ont-ils jugé
que l'on pouvait constituer en dot tout ce qui est susceptible d'être détenu légitimement : « Toutes choses qui se
possède dit Mahomet-Assen peuvent-être données en
dot, excepté celles sur lesquelles il y aurait tromperie ».
« Peuvent être données en dot, dit Ibn-Zarkoun, les
choses dont la vente et la possession sont permises
par la loi ».

Et par voie de conséquence les choses illicites et qui
ne sont pas susceptibles de vente ne peuvent être
constituées en dot. Telle serait une quantité déterminée de vin. L'engagement pour le mari d'enseigner

le Coran d'aller en pèlerinage, de faire une bonne action, de donner les bénéfices d'une association, d'un courtage.

Est également défendu de constituer en dot :

1º Les choses volées lorsque le vol est connu des époux ;

2º Les choses qu'on ne possède pas, comme une maison qu'on doit acheter ;

3º Les biens éloignés, alors surtout qu'ils ne doivent être visités qu'après la célébration du mariage, et ce parce que leur valeur ne peut être contrôlée ;

4º Les objets dont une partie doit être donnée en dot et l'autre à titre de vente, parce qu'on a craint que le futur, attribuant à la partie vendue la valeur de l'objet entier, s'exonère indirectement du paiement de la dot. Cependant certains auteurs, contrairement à l'opinion de MM. Santayra et Cherbonneau, admettent qu'un talent du mari pourrait être constitué en dot. Ainsi on admet qu'il peut s'engager à enseigner le Coran à sa femme.

Pour ne pas mettre obstacle au mariage des indigents, on va même jusqu'à admettre une dot absolument fictive.

La troisième condition pour la validité du mariage est l'absence de tout empêchement légal, ces empêchements peuvent être prohibitifs ou dirimants. La différence entre les uns et les autres est la même qu'en droit français. Ils peuvent donner lieu à des nullités relatives ou absolues. Les nullités relatives sont celles qui sont couvertes par la consommation, les nullités absolues sont celles qui font rompre le mariage même après sa consommation.

Elles se divisent elles-mêmes en deux catégories, celles qui produisent un effet rétroactif qui rend le mariage inexistant. Dans ce cas, le mari ne doit pas la dot, et celles qui ne rendent pas le mariage inexistant et n'ont pas d'effet rétroactif, dans ce cas le mari doit la dot et le mariage se dissout par le divorce.

Le premier des empêchements de mariage résulte de la parenté. « Les anciens Arabes, disent MM. Sautayra et Cherbonneau, prohibaient le mariage entre le fils et la mère, entre le père et la fille, entre le neveu et ses tantes paternelles et maternelles, ils regardaient aussi l'union contractée avec deux sœurs en même temps ou avec une belle-mère comme un scandale, mais l'affaissement des mœurs autorisa les mariages de cette dernière espèce et les rendit même fréquents.

Mahomet se hâta de réprimer ces abus. « Il vous est interdit, dit-il dans le Coran, d'épouser vos mères, vos filles, vos sœurs, vos tantes paternelles et maternelles, n'épousez pas non plus les filles des filles que vous avez engendrées. Il vous est interdit d'épouser les mères de vos femmes, les deux sœurs. N'épousez pas non plus la tante et la nièce. »

Mais l'empêchement cesse dès que la femme qui produisait l'alliance meurt ou est répudiée, c'est ce que constate Sidi-Khalhil, en termes formels : « Il est permis de se marier avec la sœur de sa femme après s'être séparé de cette dernière. »

Le Coran continue : « N'épousez pas les femmes qui ont été les épouses de vos pères, c'est une turpitude et une abomination. »

Mais suffit-il pour produire l'empêchement que le père annonce, sans le prouver, qu'il s'est marié à une femme. Lorsque le père dit « je me suis marié à telle femme », il est honorable pour le fils de renoncer à cette femme.

Quand même il n'ajouterait pas foi aux paroles de son père, mais est-ce pour lui une obligation? il y a deux avis. Nous avons déjà eu l'occasion de dire qu'outre ses quatre femmes légitimes le musulman peut avoir commerce avec ses esclaves.

Cette parenté illégitime mais non pas illicite engendre aussi des empêchements au mariage. Quant aux relations illicites il y a controverses. La parenté par adoption au contraire n'en engendre pas. Voici ce que dit à ce sujet un des sourates du Coran : « Ce n'est pas un crime pour les croyants d'épouser les femmes de leurs fils adoptifs après leur répudiation.

En revanche la parenté de lait rend un mariage prohibé : « Il vous est interdit dit le Coran d'épouser vos nourrices et vos sœurs de lait ». Et le prophète a répété dans un de ses hadits : « L'allaitement produit les mêmes prohibitions que la parenté pour le mariage ». Cependant, d'après MM. Sautayra et Cherbonneau, il ne faudrait pas prendre ce hadit au pied de la lettre : Les empêchements au mariage, disent-ils, qui résultent de cette parenté, ne sont cependant pas si étendus que ceux qui résultent d'une parenté naturelle. Suivant Abou-Chadga il est défendu au nourrisson de se marier avec sa nourrice, sa mère, sa sœur ou sa tante maternelle et paternelle et sa nièce. Il est défendu à la nourrice de contracter mariage avec son nourrisson ou ses descendants, mais elle peut épouser les ascendants et parents en ligne collatérale de celui qu'elle a allaité ».

Le mariage ne peut pas non plus être contracté si la

femme est déjà mariée ou si le mari a déjà quatre femmes légitimes. Notons cependant que le mari qui veut épouser une cinquième femme n'a qu'à répudier une des quatre premières.

Il est interdit d'épouser la femme pendant l'edda, c'est-à-dire pendant la retraite légale qui suit la dissolution du mariage précédent. Il est encore défendu d'épouser une femme enceinte.

Lorsqu'un mari n'a employé que la formule de répudiation ordinaire, il peut se remarier à la femme répudiée. Mais cela lui est défendu, s'il a employé la formule solennelle de la répudiation par trois, au moins tant que la femme n'a pas épousé un second mari qui l'a répudiée à son tour.

Un musulman ne peut pas épouser une idolâtre, mais il peut épouser une chrétienne ou une juive, à l'inverse une musulmane ne peut épouser qu'un musulman.

Ceux et celles qui sont en état de pèlerinage (c'est du pèlerinage de la Mecque qu'il s'agit) doivent se consacrer uniquement à leur œuvre pieuse et il leur est interdit de contracter aucun mariage pendant ce temps tous ces empêchements au mariage produisent une nullité absolue.

Le mariage est encore interdit quand un des futurs époux est atteint d'une maladie grave et mortelle, mais cet empêchement ne produit qu'une nullité relative.

La dernière des quatre conditions pour que le mariage soit valable est la présence de deux témoins, mais cette dernière condition n'est pas une condition de fond, mais une condition de forme, elle a donc sa place parmi les formalités relatives au mariage dont nous allons parler.

C'est ici le moment de rappeler que le mariage se divise en deux parties: la convention de mariage et la consommation du mariage, ou pour mieux parler la mise de la femme à la disposition du mari.

La convention de mariage consiste dans le consentement réciproque des deux époux ou de leurs représentants. Ce consentement doit être donné en présence de deux témoins. Cependant d'après les Maléchites, la présence des deux témoins n'est pas nécessaire à ce moment, mais lors de la mise de la femme à la disposition du mari, c'est-à-dire de la *deductio in domum mariti*.

Bien que le consentement des époux ou de leurs représentants et la présence de deux témoins soient les seules formalités exigées on ajoute cependant une publicité plus grande à la convention de mariage.

Ainsi en Algérie, par exemple, il arrive souvent que l'on invite à une fête tout le douar habité par les futurs, et dans les villes on se rend dans les mosquées pour y dire des prières. Un acte écrit n'est pas nécessaire pour contracter la convention de mariage.

Néanmoins il est recommandé d'en dresser un. Dans ce cas il est passé devant le cadi, mais alors celui-ci agit plutôt comme notaire que comme juge.

Quant à la mise de la femme à la disposition du mari, que l'on appelle souvent consommation, elle est constituée par la *deductio in domum mariti*.

Elle doit avoir lieu publiquement: « Célébrez publiquement, faites de la musique lors du mariage » dit le prophète.

Il arrive même souvent qu'un repas de noce soit donné, mais cette condition ne se trouve nullement dans la loi.

Le mariage chez les Musulmans a les véritables allures d'un contrat et il peut être soumis à certaines conditions particulières. ainsi, par exemple, il peut être stipulé que le mari ne prendra pas d'autre femme et s'il transgresse cette condition, la femme aura le droit de demander le divorce. Mais ces stipulations, bien entendu, ne peuvent sous aucun prétexte être contraires au texte du Coran ni à l'ordre public.

Le mariage prend fin par la mort d'un des époux, par la répudiation, par le divorce. La répudiation est un acte unilatéral de la part du mari qui prononce la dissolution du mariage. Mais si Mahomet a admis la répudiation il l'a plutôt tolérée qu'il ne l'a permise. « Parmi les choses autorisées, dit le prophète, celle que Dieu voit avec le plus de répugnance c'est la répudiation ». Pour mettre un frein aux répudiations suivies d'une nouvelle union il décida qu'en cas de répudiation solennelle ou par trois les mêmes époux ne pourraient se réunir qu'après que la femme aurait épousé un autre mari qui l'aurait répudiée après la consommation du mariage.

Le divorce peut avoir lieu par consentement mutuel, ou être prononcé par le magistrat à la demande de la femme. le divorce par consentement mutuel est autorisé par le Coran, dont un verset est ainsi conçu :

« Si une femme craint la violence de son mari ou son aversion pour elle, il n'y a pas de mal à s'arranger. » Quant au divorce par autorité de justice il est prononcé, comme nous l'avons dit plus haut, à la requête de la femme, en effet le mari ayant droit de répudiation n'en aurait que faire :

« Le droit pour le cadi de prononcer le divorce disent

MM. Sautayra et Cherbonneau résulte de ces paroles du prophète : « Si un mariage cause un préjudice à la femme vous le casserez. » Et de l'application qu'il en fit lui-même. Informé que Sébia, fille de Harits avait volontairement quitté la Mecque, alors païenne, pour se rendre dans son camp et que son mari avait refusé de la suivre, il rompit son mariage et la déclara libre de contracter une nouvelle union. » Il y a lieu de divorcer par autorité de justice toutes les fois que le mari manque aux obligations que la loi lui impose ou qu'il refuse de remplir les engagements pris par lui dans le contrat de mariage.

Ainsi le Cadi d'Orléansville, par un jugement du 20 décembre 1886, a prononcé le divorce entre un mari qui avait pris une seconde femme tandis que par son contrat de mariage il s'était engagé à ne pas donner de rivale à sa première épouse.

Si la femme musulmane est soumise à l'autorité maritale, quant à sa personne d'une façon absolue il n'en est pas de même si on la considère quant à ses biens.

En effet le régime matrimonial, nous ne dirons pas légal, mais obligatoire en droit musulman est celui de la séparation de biens.

Et non seulement le mari n'a aucun droit sur les biens de la femme, mais encore la femme n'a besoin, quant à la gestion, d'aucune autorisation de la part du mari, elle peut librement administrer, aliéner et même ester en justice.

Les coutumes Kabyles, à la différence de la loi musulmane, n'admettent pas le concubinat, mais elles admettent les quatre femmes légitimes autorisées par le Coran

La plupart des Kabyles n'ont cependant qu'une seule femme. Le droit de Djebre, ou de contrainte existe non seulement sur la fille vierge, mais aussi sur la femme veuve ou répudiée.

En outre le mariage chez les Kabyles, ne se fait pas moyennant une dot que touche la femme, mais il est bel et bien une vente, et c'est le père qui touche légalement l'argent.

La somme qui est versée au père prend le nom de Thamanth

Le mariage peut-être célébré publiquement, les conditions de publicité varient suivant les villages, souvent le mariage est célébré par un marabout, le mari kabyle a le droit de renvoyer sa femme par un acte uni-latéral de simple répudiation, et la femme n'a pas le droit de-demander le divorce par autorité de justice. Il ne faudrait pas croire cependant que la femme kabyle soit absolument désarmée, elle possède le droit de fuite ou d'insurrection.

Voici comment s'expliquent à ce sujet le général Hanoteau et son collaborateur M. Letourneux : « Si le divorce n'existe pas au profit de la femme l'usage lui a acquis un privilège précieux qui fait contre-poids au pouvoir exorbitant du mari, au droit d'oppression correspond le droit de fuite.

La femme mécontente de son mari quitte le domicile conjugal et se retire dans sa famille, un de ses parents averti par elle vient la chercher et l'emmène sans que son mari puisse s'opposer à son départ. La femme est alors en état d'insurrection et si elle refuse de retourner auprès de son mari celui-ci a le droit ou de la répudier en recevant le prix de la Thamanth ou de la laisser en état d'insurrection. Quelques Kanouns obligent le mari à faire des démarches personnellement ou par l'entremise des notables avant qu'ils puissent exercer son droit d'option. La coutume ne protège que la femme qui se retire chez ses parents, la moralité Kabyle ne lui accorde pas le droit de se réfugier chez un autre homme ni de contracter un autre mariage sans l'agrément de son mari. Dans ces divers cas les résultats différents selon les villages, chez les Cheurfa, tribu de marabouts lorsqu'une femme abandonne son mari pour en prendre un autre, celui qui veut l'épouser doit payer une somme considérable et s'exiler avec elle ».

Le cas d'absence constatée de la part du mari peut être considérée pour la femme comme une cause de dissolution du mariage, cette dissolution peut être retardée si les parents du mari se chargent de l'entretien de la femme.

A part les différences dont nous avons parlé, les règles du mariage musulman s'appliquent en général au mariage kabyle. Il en est ainsi, par exemple, en ce qui concerne la différence entre le mariage et la mise de la femme à la disposition du mari.

Il y a à ce sujet, une difficulté qui peut se présenter aussi bien en droit kabyle qu'en droit musulman, nous voulons parler de la question de savoir quel serait le mariage valable si deux conventions de mariage avaient été conclues et si c'était le second mariage qui avait été suivi de consommation. Car si c'est le premier mariage qui a été consommé ou si ni l'un ni l'autre ne l'a été, il n'y a pas de difficulté, c'est ce premier mariage qui est valable.

Les Maléchites plus libéraux que les Hanéfites sur ce

point admettent que ce sera le second mariage qui sera valable si le second mari n'a pas eu connaissance de l'existence du premier mariage.

La cour d'Alger s'est toujours prononcée pour l'existence du second mariage, notamment dans un arrêt où elle déclarait qu'il y avait là une raison de moralité publique et qu'il n'y avait aucun texte en sens contraire dans le droit musulman.

Mais la même difficulté se produisit en droit kalife. Il s'agissait d'une jeune institutrice nommée Fathma qui demandait à ce que ce fut son second mariage qui avait été consommé qui fut valable. Le juge de paix se prononça en faveur du premier, mais comme les conjoints malheureux avaient reçu une éducation européenne ils s'adressèrent aux journaux qui prirent leur défense.

Le tribunal de première instance devant qui fut porté l'appel se prononça pour la validité du second mariage. Mais il ne trancha pas la question en déclarant que le second mariage était valable parce qu'il avait été consommé, mais parce qu'il avait trouvé un cas de nullité dans le premier qui avait manqué de publicité.

Si l'on codifiait le droit musulman il faudrait réduire la convention de mariage qui peut avoir lieu pendant l'impuberté des époux au rôle de simples fiançailles et comme suivant le rite Hanéfite le droit de djebre est aboli sur la fille nubile, ce droit de djebre n'aurait plus aucune importance.

Les principes que nous venons d'exposer sont ceux du droit musulman ou du droit kabyle avant la domination française. Quelles sont les modifications que nous y avons introduites, elle ne sont pas énormes pendant longtemps nous nous sommes contentés de conseiller de dresser un acte écrit devant le Cadi. En même temps on défendait à celui-ci de prêter son ministère aux unions entre impubères à moins qu'il ne fut réservé dans la convention que la consommation n'aurait lieu qu'après qu'il aurait été dressé un acte subséquent.

C'est dans ce sens que s'était prononcée une circulaire de l'amiral du Gueydon aux généraux placés sous ses ordres l'Algérie se trouvant alors sous le régime de l'état de siège. en voici le texte : « Mon cher général, l'attention de l'autorité supérieure a déjà été appelée à diverses reprises sur l'inconvénient résultant des mariages contractés prématurément chez les indigènes. mais aucune réglementation précise n'est encore intervenue pour mettre un terme à cet abus qui a cependant déjà été l'objet de sévères répressions tant à l'égard des époux qui consomment ces barbares unions qu'à celui des magistrats musulmans qui les sanctionnent en leur prêtant l'appui de leur ministère. — Pour empêcher le mal de se produire il est nécessaire que les dispositions légales viennent lui opposer une barrière efficace. Et je compte faire de cette importante question l'objet de plusieurs articles dans la réglémentation générale qui doit être arrêtée ultérieurement pour les indigènes de l'Algérie. D'ici là il est indispensable que les cadis soient bien prévenus qu'il leur est interdit de consacrer des unions avant le jour où elles peuvent être légalement consommées et qu'il est subordonné à la puberté ou à la nubilité des contractants.

Dans le cas de doute. c'est sous leur responsabilité personnelle qu'ils passent outre au mariage et je suis décidé à prononcer la révocation de tout magistrat qui dans l'espèce commettrait une erreur ou se rendrait coupable d'une complaisance préjudiciable à l'un ou à l'autre des conjoints. il est entendu que la destitution s'effectuera sans préjudice des poursuites qui pourraient être exercées en outre contre lui par application du Code pénal.

Quant aux autres parties contractantes, aux familles qui se trouvent compromises dans ces unions défendues, il est bon qu'elles soient prévenues qu'elles tombent directement sous le coup de la loi et seront poursuivies comme coupables ou comme complices d'attentat à la pudeur.

Il n'entre pas dans mon intention d'interdire la formalité dite Imlak, qui a une certaine analogie avec les fiançailles et qui constitue un engagement matrimonial susceptible d'être contracté à tout âge par devant le cadi. Mais il y a lieu d'enjoindre d'insérer dans les actes de cette espèce la défense formelle aux futurs de consommer le mariage avant qu'un acte subséquent, dit refond. ne l'ait autorisé. Ces errements sont du reste entièrement prescrits par la loi musulmane. »

Une loi du 23 mars 1882 organisa l'état-civil des indigènes musulmans d'Algérie. Cette loi obligeait d'abord les indigènes à choisir un nom de famille (on sait en effet que la plupart des musulmans n'en ont pas) et décidait en outre qu'on en donnerait d'office à ceux qui n'en choisiraient pas. cette loi décide que la déclaration de naissance et de décès doivent être faites à l'officier de l'état-civil. conformément à la loi française. Mais en ce qui concerne les mariages et les divorces. le dernier paragraphe de l'article 47 s'exprime ainsi :

Les actes de mariage et de divorces sont établis sur une simple déclaration faite dans les trois jours au maire de la commune ou à l'administrateur qui en remplit les fonctions par le mari et par la femme, ou par le mari et le représentant de la femme, aux termes de la loi musulmane et en présence de deux témoins ».

C'est-à-dire que l'acte de l'état civil pour l'indigène musulman en Algérie ne constitue pas le mariage par lui-même, mais ne fait que le constater de même qu'en France les actes de naissance ou de décès ne donnent à personne ni la vie ni la mort.

De sorte qu'il s'en suit que pendant un moment il n'y avait pas de sanction contre le défaut de déclaration des mariages ou des divorces, car pour ce qui concerne les actes de naissance ou de décès on appliquait le code pénal français qui punit ceux qui manquent de les faire ; mais notre code pénal ne dit rien du défaut de déclaration de mariage, puisque chez nous l'acte d'état civil constitue le mariage lui-même. On avait d'abord dans les infractions spéciales à l'indigénat établi une peine contre ceux qui négligeaient de faire aux officiers de l'état civil les déclarations prescrites par la loi.

Ensuite on n'a pas reproduit cet article dans une des lois prorogeant les pouvoirs disciplinaires des administrateurs des communes mixtes sous prétexte que la loi française traitait déjà de la question, mais on avait oublié les déclarations de mariages et de divorces. Enfin la loi de décembre 1897 qui proroge pour sept nouvelles années les pouvoirs des administrateurs des communes mixtes, rétablit une peine pour le défaut de déclarations de mariages et de divorces.

On a pu remarquer que le droit musulman confondait

le mariage et le contrat de mariage, autrement dit le contrat concernant les personnes et celui concernant les biens. Il est même à remarquer que la dot est, chez les Musulmans, une partie essentielle du mariage lui-même. Si l'on codifiait le droit musulman, il faudrait séparer les deux contrats quitte à maintenir dans le mariage le symbole de la dot.

L'enfant né pendant le mariage a pour père le mari en droit musulman comme en droit français. Il en est de même chez les Kabyles. En droit musulman, l'enfant qui naît des relations du maître et de son esclave est également légitime mais dans les possessions françaises où l'esclavage est aboli ceci n'a plus qu'un intérêt historique.

La question ne s'est jamais posée chez les Kabyles qui n'avaient pas le concubinat légal. La reconnaissance de l'enfant naturel né d'un stuprum n'existe pas en droit musulman et dans la rigueur du droit kabyle, quand une femme avait un enfant né hors mariage on lapidait la mère et l'enfant. Il est bien entendu qu'il ne saurait en être ainsi sous la domination française, retenons en seulement qu'il ne peut être question de reconnaissance d'enfant naturel en droit Kabyle.

Il est une question sur laquelle les lois musulmanes et surtout les lois Kabyles ne sont pas du tout d'accord avec la loi française, c'est celle de savoir combien de temps après la mort de son mari, la veuve peut avoir un enfant légitime de son conjoint prédécédé. Les jurisconsultes musulmans admettent que la gestation peut être de trois ou quatre ans. Chez les Kabyles, il suffit que la mère déclare que l'enfant s'est endormi dans son sein pour que le défunt soit le père légal du premier enfant

qui naîtra dans un temps dont la durée est illimitée.

La jurisprudence française s'est toujours refusée à
admettre de pareils errements. Par un arrêt du 13 novembre 1861, la cour d'Alger décidait que la durée
maxima de la gestation est de 300 jours. Elle ajoutait
ceci : « Pour qu'il pût en être décidé autrement, il
faudrait que la législation musulmane contienne un
texte formel tellement impératif qu'il imposât silence
à la raison et qu'il ôtât toute liberté au juge. Ce texte
n'existe pas dans le Coran qui est muet sur la question. Si dans les nombreuses dissertations que le texte
sacré a fait naître, on trouve des propositions susceptibles d'interprétations contraires, ces propositions ne
sont pas formulées d'une façon assez précise pour
qu'on puisse en faire ressortir une règle obligatoire de
décision. »

Voici maintenant ce que Clavel dit au sujet de l'adoption en droit musulman : « L'adoption est permise à
l'homme musulman libre, majeur et sain d'esprit. Elle
est permise à la femme qui réunit ces conditions et qui
a obtenu l'autorisation maritale. » Les Maléchites admettent que l'adoption donne à l'adopté tous les droits
de l'enfant légitime. Mais d'après les Hanéfites, elle ne
confère aucun droit successoral.

Les Maléchites interdisent d'adopter aucun parent
au degré successible.

L'adoption est admise par les Kabyles, mais il n'en
font qu'un très rare usage : « Aucune condition disent
le général Hanoteau et M. Letourneux n'est imposée à
l'adoptant il doit seulement être majeur et moins jeune
que l'adopté. Le consentement de l'adopté s'il est

7 c

majeur, de son père ou de son tuteur s'il est mineur est expressément exigé.

Il importe peu que l'adoptant ait déjà des enfants légitimes. On n'a jamais vu deux Kabyles adopter le même individu. Il n'est pas nécessaire que l'adoptant ait donné des secours à l'adopté ni que celui-ci ait sauvé les jours de l'adoptant. La femme étant toujours en tutelle ne saurait adopter un enfant. L'adopté vit dans sa nouvelle famille mais il ne perd aucun de ses droits successifs dans sa famille naturelle.

La puissance paternelle passe toute entière à l'adoptant. L'adoption ne crée aucun lien du sang entre les parents ou les alliés de l'adoptant ou de l'adopté qui peut épouser la fille ou même la femme veuve ou répudiée de l'adoptant. Ces effets sont bornés aux rapports personnels de l'adoptant ou de l'adopté.

L'adoption confère à l'adopté tous les droits d'un enfant légitime et lui en impose les devoirs. Néanmoins, il ne peut hériter de plus du tiers des biens de son père adoptif. En cas de décès de l'adopté ce sont ses parents naturels qui héritent de lui.

L'adoptant stipule ordinairement que les biens provenant de sa succession feront retour à sa famille au décès de l'adopté.

Passons aux successions :

Le Coran consacre huit versets à la loi successorale.

Avant Mahomet, l'ordre successoral était réglé chez les arabes par le principe de la conservation des biens dans les familles, aussi les femmes n'étaient-elles pas admises à succéder.

Mahomet a constitué deux sortes d'héritiers, les héritiers fards et les héritiers acebs. Les héritiers fards sont ceux qui viennent à la succession en vertu des affections présumées du défunt. Les héritiers acebs sont ceux qui viennent à la succession en vertu de l'ancien principe de la conservation des biens dans les familles.

Les héritiers fards prennent une part invariable dans la succession du *décujus* et les acebs se partagent le reste.

Cependant les héritiers fards se divisent eux-mêmes en deux catégories. Premièrement, ceux qui on un droit à la réserve dans tous les cas, sans pouvoir être exclus par les acebs. Deuxièmement, ceux qui peuvent être exclus par les acebs qui peuvent voir diminuer leur part du fait de ceux-ci.

Les premiers sont les ascendants et le conjoint survivant. Les seconds sont la fille, la petite-fille (fille du fils) le frère utérin, la sœur consanguine et la sœur utérine. Nous voyons donc que Mahomet a donné à la femme un droit successoral qu'elle n'avait pas auparavant. Mais il ne lui a pas donné un droit égal à celui de l'homme. A la mort du père, les fils qui viennent comme acebs et les filles qui viennent comme fards, se partagent la succession, mais les filles n'ont que la moitié de ce qu'ont les fils. Lorsqu'il n'y a que des filles, elles n'héritent que des deux tiers des biens et s'il n'y en a qu'une, que de la moitié : « S'il n'y a que des filles et qu'elles soient plus de deux, dit le Coran, elles auront les deux tiers de ce que le père laissera. S'il n'y en a qu'une elle aura la moitié ».

Le partage entre les fils et les filles s'effectuera après que les ascendants et les conjoints survivants auront prélevé leur quote part.

« A vous hommes, dit le Coran, la moitié de ce que

laisseront vos épouses si elles n'ont pas d'enfants et si elles en laissent vous aurez le quart ».

« Les femmes, vos épouses, dit le verset suivant, auront le quart de ce que vous laisserez si vous n'avez pas d'enfants et si vous en avez elles auront le huitième. » On voit donc qu'en principe, la part de la femme est la moitié de ce qu'est la part de l'homme. Le droit de représentation n'existe pas chez les Musulmans. Les héritiers ne sont jamais tenus des dettes, qu'intra vires. Le Coran reconnait le droit de tester.

La quotité disponible est toujours du tiers des biens quelque soit le nombre et la qualité des héritiers en présence. Un legs ne peut être fait à un successible que si tous les autres successibles y consentent. Cette règle est à rapprocher de celle de nos anciennes coutumes qui décidait qu'un successible ne pouvait recevoir un legs qu'en renonçant à la succession.

Les donations, au contraire, sont entièrement libres.

Les Kabyles ne veulent admettre en aucune façon le droit des femmes à la succession. Pendant longtemps ils ont usé de détours pour les en exclure, malgré le texte formel du Coran, mais il y a environ 150 ans ils se réunirent et proclamèrent que les femmes n'auraient légalement aucune part dans la succession des hommes.

« Comme aux temps primitifs de l'humanité, disent le général Hanoteau et M. Letourneux, des pierres plantées au sommet de la montagne consacrèrent ce triomphe du vieil esprit kabyle sur la loi musulmane.

La rigueur du principe est telle que la femme étrangère, mariée à un kabyle, n'a pas le droit de prendre la part d'héritage qu'on lui reconnait en pays musulman.

Le sentiment qui pousse les Kabyles à refuser à la
femme toute espèce de part successorale est le désir de
conserver les biens dans la famille et dans la tribu. « Si
une femme étrangère, dit l'auteur kabyle, est mariée
dans notre tribu, elle ne pourra hériter de son père,
nous ne permettons pas que les biens de notre tribu
passent à l'étranger par l'héritage des femmes, nous ne
voulons pas non plus que des biens étrangers entrent
chez nous par la même voie. Nous ne pouvons
admettre aucun changement à cette règle. »

On a pu remarquer, au cours de cette rapide esquisse
sur le statut personnel et les successions en droit
musulman et en droit kabyle, que des deux c'est le droit
musulman qui se rapproche le plus du droit français.
Ce fait se remarque principalement en ce qui concerne
la condition de la femme. Elle est, en effet, beaucoup
plus maltraitée chez les Kabyles que chez ceux des
indigènes algériens qui suivent le droit musulman, et
chez ces derniers la condition juridique de la femme
est bien meilleure qu'on ne se l'imagine généralement
en France. Il convient de dire que le mahométisme,
cette religion que l'on accuse d'avoir abaissé la femme
l'a singulièrement relevée, si l'on compare sa situation
chez les musulmans actuels à ce qu'elle était avant
Mahomet dans les tribus arabes.

Avant le prophète, la femme n'avait pour ainsi dire
aucune personnalité juridique, il lui en a donné une.
Voici comment M. Mercier a jugé l'œuvre de Mahomet
en ce qui concerne la femme : « Sa préoccupation cons-
tante est de relever la femme, de lui assurer des droits,
de la préserver contre les violences de son mari et
contre la tyrannie des parents de celui-ci, d'éviter qu'elle

ne tombe dans la misère et de là dans l'abjection, en un
mot de conserver sa dignité et son rang dans la
famille.

Il ne réalisa pas certainement tout ce qu'il aurait voulu
à cet égard, forcé de tenir compte des traditions et des
préjugés antérieurs, mais s'il y fit quelques concessions,
sa réforme ne fut pas moins radicale et on se demande
si l'histoire offre un autre exemple de législateur aussi
courageux ayant obtenu une réforme aussi complète.
Comprenant bien les faiblesses de la nature de la femme
il s'applique à en éviter les conséquences plutôt qu'à les
réprimer par la rigueur. Il semble vouloir la traiter par
la patience et non la terrifier; il s'efforce de lui éviter
les occasions de faillir ou tout au moins de lui faciliter
le pardon et non d'aggraver la faute en rendant inévi-
table la rupture de l'union. Sa conception de la famille
est que l'épouse reste au foyer, occupée d'abord du
soin d'élever les enfants, puis des travaux du ménage
en rapport avec son sexe, traitée avec douceur et supé-
riorité par son mari et ses proches et déchargée de tout
soin matériel.

Le résultat dépassa peut être ses intentions. On le
connaît, la séquestration de la femme dans le gynécée
et par voie de conséquence son détachement de tout ce
qui sort de l'horizon borné de son propre intérêt dans
le ménage.

Tel est le rôle, que dans sa tendresse il a assigné à la
femme.

Là se réduit pour lui sa véritable mission. Quant aux
succès artistiques, aux luttes de la passion et de la politique, il les lui interdit, estimant sans doute que ces
triomphes de la vanité lui seront plus nuisibles qu'utiles

et se rappelant plus d'une grande infortune dont il rendait responsables ces dangereuses facultés.

A-t-il tenu suffisamment compte des nécessités et des besoins de l'âme humaine ? grave question et bien complexe, cependant le résultat semble lui avoir donné raison puisque sa loi est appliquée depuis treize siècles par les innombrables populations soumises à l'Islanisme dans le vieux monde. »

C'est surtout comme mère que le Coran semble avoir relevé la femme : « Un fils, dit Mahomet, gagne le Paradis aux pieds de sa mère. » Rappelons nous que la législation musulmane, par l'institution de la Hadanah, semble avoir donné à la mère, en ce qui concerne l'éducation matérielle des enfants, une partie de la puissance paternelle que la loi française ne lui donne pas. Il est vrai que la mère musulmane n'a aucun droit en ce qui concerne l'éducation morale de ses enfants, mais est-ce que légalement la mère française en a davantage ?

Remarquons que pour ce qui concerne l'éducation religieuse, en cas de mariage entre personnes de religions différentes, la plupart de nos jurisconsultes considèrent à juste titre, que la convention faite avant le mariage, d'après laquelle les enfants, ou une partie des enfants, suivront la religion de la mère n'a aucune valeur légale.

Et chez les Musulmans rien n'empêchera le père de consulter la mère sur l'éducation morale des enfants. Il arrive même souvent que c'est la mère qui choisit la femme de son fils.

Et quant à ses biens la femme musulmane a une capacité beaucoup plus grande que la femme française, surtout que celle qui s'est mariée sans contrat, puisque chez les Musulmans c'est le régime de la séparation de biens qui est le régime matrimonial légal. La femme musulmane peut, il est vrai être répudiée par un acte unilatéral de la part de son mari, mais c'est là une simple tolérance de Mahomet, qui s'est exprimé en ces termes: « La répudiation, parmi les choses permises est celle que Dieu a le plus en horreur ».

Et de son côté la femme musulmane a le droit de demander le divorce. Il est vrai qu'avant Mahomet la femme avait dans certaines tribus arabes le droit de répudier son mari ; mais on comprend que le prophète qui n'aimait pas la répudiation n'ait pas voulu en multiplier les cas.

Dans les temps préislamiques, les femmes n'avaient aucune part dans la succession de leurs parents, le Coran leur en a donné une. Nous avons réfuté plus haut l'opinion d'après laquelle le mari musulman achèterait sa femme. Cela est vrai chez les Kabyles, mais il est loin d'en être de même chez les musulmans qui suivent le Coran comme loi civile.

Malgré tout ce que la loi musulmane a fait pour la femme, il est certain que la condition d'une sectatrice de l'Islam est inférieure à celle d'une française.

Cette infériorité existe non seulement au point de vue des mœurs, mais aussi au point de vue des lois.

D'abord le mari ne doit pas absolument fidélité à sa femme puisque la polygamie est permise. il est vrai que sa pratique va toujours en se restreignant.

Ensuite le mari a le droit de répudiation. il est vrai que le Coran ne fait que le tolérer. Mais c'est une faculté qui n'en existe pas moins et le mari en fait assez fréquemment usage. Ensuite jusqu'à son premier mariage la fille est soumise au droit de djebre ou de contrainte ; il est vrai que l'on pourrait répondre qu'en France il existe des parents qui contraignent la volonté de leur fille, et si le droit de djebre n'existe pas légalement plus d'une famille se l'arroge.

Les femmes musulmanes n'ont en général aucune instruction. En outre, dans les villes, elles sont séquestrées, de sorte qu'elles ne peuvent connaître leur futur époux, pour lequel, par conséquent, elles sont également des inconnues.

A propos de cette séquestration, on a beaucoup parlé de la jalousie arabe, mais est-ce à dire qu'ils soient plus jaloux que nous? Ne conviendrait-il pas plutôt de dire qu'ils le sont autrement que nous. Car, en somme, les musulmans épousent sans hésitation une femme répudiée ou divorcée et quand ils répudient leur femme, ils s'embarrassent peu qu'elle aille en épouser un autre. Mais durant le mariage ils lui défendent de montrer son visage à qui que ce soit. Ce n'est donc pas une jalousie du cœur, ni même une jalousie des sens, il conviendrait plutôt de dire que c'est une jalousie de propriétaire qui veut avoir la possession exclusive de l'objet qui lui appartient.

Néanmoins quand on compare l'idéal de la femme que nous montre, je ne dirai pas les mœurs, mais les lois musulmanes à celui que nous en ont tracé les poëtes français et principalement notre grand maître Michelet on se dit que la Musulmane se rapproche davantage de ce que la femme doit-être que l'être insexuel que l'on voudrait nous importer de l'autre côté de l'Atlantique.

Nous avons dit plus haut que les coutumes Kabyles étaient plus éloignées du droit français que les lois musulmanes, mais est-ce à dire qu'il sera plus difficile de faire passer les Kabyles que les indigènes régis par la loi musulmane, sous le régime de la loi française.

Peut-être que non, car les coutumes Kabyles n'ont pas le caractère religieux qu'affecte le droit musulman.

Mais d'autre part s'ils n'ont pas adopté le droit musulman, qui se présentait à eux avec un caractère religieux et qui s'éloignait moins de leurs coutumes que nos lois, il serait bien difficile de s'assimiler un peuple qui a conservé intact ses mœurs et ses lois sans les laisser entamer ni par les Romains, ni par les Vandales, ni par les Arabes.

Quand les Français arrivèrent en Algérie, les terres se divisaient en terres archs et en terres melks. Les terres archs appartenaient aux tribus, les terres melks étaient possédées à titre de propriétés privées par les familles ou par les individus.

Les terres archs étaient donc des terres collectives. Parmi les terres melks il y avait des propriétés collectives, les melks de famille, et les propriétés individuelles, les melks appartenant à des individus.

Les melks de famille étaient donc des propriétés collectives comme les terres archs, mais il y avait entre eux cette différence c'est que les melks de famille étaient des co-propriétés indivisées entre les membres de la famille, tandis que les terres archs étaient des propriétés de la tribu considérée comme personne morale.

En un mot les melks de famille, s'ils n'étaient pas des propriétés individuelles, étaient du moins des pro-

priétés privées, tandis que les terres archs n'en étaient
pas.

D'où cette conséquence que chaque co-propriétaire
d'un melk de famille pouvait en réclamer le partage,
il n'en était pas de même des membres de la tribu qui
possédaient une terre arch.

Il y a une autre question qui s'est posée à propos des
terres archs, mais qui aurait pu se poser toute aussi
bien à propos des terres melks c'est celle de savoir si
les tribus avaient la propriété complète de leurs terres
ou si le souverain en gardait le domaine éminent ne
leur laissant que le domaine utile.

La question était controversée, les uns soutenaient
qu'il ne pouvait y avoir de propriétés pleines et entières
qu'en Arabie, les autres pays musulmans ayant été
soumis par la force et étant par conséquent terres de conquête. Mais d'après d'autres cette règle ne s'appliquait
qu'aux terres possédées par ceux qui refuseraient d'em-
brasser l'Islamisme et non pas à celles possédées par les
convertis, ni à plus forte raison aux Arabes conquérants.

Nous ferons simplement remarquer à ce sujet qu'il
s'agit là de la condition des terres et non de celle des
personnes et que si dans un état musulman un non
Musulman vend une terre à un Musulman il ne peut
pas lui transférer sur elle plus de droits qu'il n'en avait
lui-même.

Toutefois cette question n'offre plus aucun intérêt en
Algérie, l'État français ayant renoncé à tout domaine
éminent dans le *senatus-consulte* du 6 février 1863.

Mais on voit que cette question pouvait se présenter
tout aussi bien pour les terres melks que pour les terres
archs.

Certaines terres pouvaient être données ou léguées à des établissements pieux. Leur revenu était destiné à pourvoir à l'entretien du culte, des écoles et des hôpitaux. Elles étaient inaliénables. C'est ce qu'on appelait les biens habous. L'État s'est attribué la propriété de ces terres et a décidé qu'il pourvoirait lui-même à l'entretien du culte musulman des écoles et des hôpitaux.

Mais il arrivait souvent que le constituant désignait des bénéficiaires intermédiaires, par exemple ses descendants. C'était un moyen de changer l'ordre successoral établi par le Coran, par exemple d'exhéréder les filles. Ces biens étaient inaliénables et constituaient en quelque sorte des majorats. Cette inaliénabilité a été supprimée par la France.

Les terres melks sont les terres de culture. Parmi les terres archs, il y avait des terres de culture, dont la jouissance était répartie entre les familles composant la tribu et les terres de paturages ou de parcours dont la jouissance, comme la propriété était indivise entre les membres de la tribu.

Le *sénatus-consulte* du 22 avril 1863 décidait qu'à l'avenir les tribus auraient la propriété pleine et entière des terres archs. Il décidait en outre qu'il serait procédé au partage des terres de la tribu entre les douars et ensuite à l'établissement de la propriété individuelle partout où cette mesure serait jugée opportune.

Une loi antérieure du 16 juin 1851, avait décidé que les terres archs ne pourraient être aliénées au profit de personnes étrangères à la tribu. Le *sénatus-consulte* du 22 avril 1863 décidait que les terres deviendraient aliénables du jour où la propriété individuelle aurait été constituée. Mais après le *sénatus-consulte*, comme auparavant la terre algérienne, continuait à être régie tantôt par le statut réel français et tantôt par le statut réel musulman suivant que le propriétaire était Français ou Musulman.

L'acte législatif sur le régime foncier algérien qui fait suite au *sénatus-consulte* du 22 avril 1863 est la loi du 26 juillet 1873. D'après M. Besson cette loi se proposait trois buts : « 1° Soumettre la propriété mobilière en Algérie, sa conservation et sa transmission contractuelle au régime de la loi française. 2° Constituer la propriété individuelle dans les territoires où le sol est possédé collectivement. 3° Reconnaître et constater la propriété individuelle là où elle existe et en attendant la fin de cette opération d'ensemble instituer une procédure spéciale permettant à l'acquéreur européen d'obtenir immédiatement son titre constatant sa propriété ». Aussi le premier paragraphe de l'article premier de la loi du 26 juillet 1873 est-il ainsi conçu : « L'établissement de la propriété immobilière en Algérie, sa conservation et sa transmission, quelques soient les propriétaires, sont régies par la loi française ». Mais il ne faudrait pas prendre ce texte absolument au pied de la lettre, car toutes les terres de l'Algérie ne peuvent pas passer immédiatement sous le statut réel français. Mais du moins à mesure qu'une terre devient française elle ne peut plus retomber sous la loi musulmane.

Ainsi depuis cette loi, lorsqu'un français achète une terre à un musulman cette terre devient française. Il en était déjà ainsi auparavant, mais aujourd'hui si le français revend ensuite cette terre à un autre musulman cette terre reste française, tandis qu'autrefois elle retombait sous la loi musulmane.

La loi de 1873 organisait ensuite toute une procédure pour faire tomber les terres restées aux mains des indigènes sous le domaine de la loi française. Cette procédure tendant principalement à partager les terres archs entre les membres de la tribu.

A cet effet on chargea les commissaires enquêteurs de livrer à chaque indigène un titre qui tantôt constatait son droit exclusif sur une partie du sol, tantôt déclarait seulement qu'elle était sa part de propriété.

Dans ce dernier cas, l'article 815 du code civil français, qui déclare que nul n'est tenu de rester dans l'indivision, devenait applicable au co-propriétaire. Mais lorsque les commissaires enquêteurs étaient passés, les indigènes, entre qui le sol avait été partagé, s'empressaient de retourner à l'indivision. Car il est à remarquer que, déjà auparavant, sous le droit musulman, du moins en ce qui concerne les biens melks restés indivis entre les membres d'une même famille, nul n'était tenu de rester dans l'indivision. Seulement l'indivision est dans les mœurs arabes, tandis qu'elle n'est pas dans les mœurs françaises. Il a toujours semblé aux Arabes que le meilleur moyen de cultiver la terre était de rester dans l'indivision.

En réalité la loi de 1873 ne profita qu'aux spéculateurs.

Voici, en effet ce qui arrivait souvent : un de ces derniers achetait un titre de co-propriété à un indigène, puis il demandait le partage.

Souvent on était obligé de vendre l'immeuble aux enchères et le spectateur ou un de ses amis achetait l'immeuble en entier pour rien ou presque rien. Il arrivait aussi que l'on répartissait les lots de terre entre les indigènes et les spéculateurs. Mais cela coûtait fort cher

et le spéculateur qui était souvent un agent d'affaires,
un huissier, par exemple, en profitait seul. Ensuite les
indigènes retournaient à l'indivision.

Après comme avant la loi de 1873, les terres de tribus
ou de douars où la propriété individuelle n'a pas encore
été constituée restaient inaliénables.

Un tort, qu'eurent les commissaires enquêteurs ce fut
de vouloir partager les terres comme si elles avaient
toujours été des propriétés melks indivises et de considérer les détenteurs actuels comme en ayant hérité de
leurs ancêtres; tandis qu'en réalité ils ne possédaient pas
la terre à titre d'héritiers mais à titre de membres du
douar ou de la tribu. De sorte qu'au lieu de partager les
terres également entre chacun des membres du douar
les commissaires enquêteurs dressaient des généalogies
en remontant de plusieurs siècles en arrière et don-
naient à chacun une quote-part en tenant compte des
règles de succession d'après les lois musulmanes. Il
arrivait aussi que l'on faisait revivre les droits héréditaires de personnes qui avaient quitté la tribu, tandis
qu'en réalité elles n'avaient plus aucun droit sur les
terres de celle-ci.

La loi de 1887 n'apporta qu'un faible remède à la
situation en décidant qu'avant de partager les terres
entre les individus on commencerait d'abord par les
partager entre les familles. Enfin la loi du 16 février 1897
vint supprimer toutes les enquêtes et tous les commis-
saires-enquêteurs et décida qu'on délivrerait simplement
des titres de propriétés individuelles à ceux qui en
demanderaient.

La loi décidait en outre pour mettre un terme aux
spéculations des agents d'affaires que lorsque le partage

d'un immeuble appartenant pour moitié au moins à des indigènes serait demandé, l'article 127 du code civil, concernant la vente aux enchères ne serait pas applicable.

Il nous faut également examiner la question des juridictions. Avant la domination française, il n'y avait en Algérie qu'un seul degré de juridiction qui était le cadi, composant à lui seul tout le tribunal. Il n'y avait aucun recours. On pouvait cependant demander que la question fût examinée à nouveau par le même cadi en assemblée de Midjles, c'est-à-dire par le même cadi entouré de notables, ayant voix consultative. Mais ce n'est pas là ce qui a pu s'appeler un appel. Ce qui le prouve du reste, c'est que l'affaire pouvait être examinée immédiatement en assemblée de Midjles. Un arrêté du 22 octobre 1830 décida que toutes les contestations où des noms musulmans seraient en cause seraient de la compétence des tribunaux français.

Exception était faite pour les contestations entre israélites, algériens et musulmans.

Une ordonnance de 1834 décida que ces contestations seraient comme les autres de la compétence des tribunaux français. L'arrêté du 22 octobre 1830 maintenait purement et simplement la juridiction des cadis telle qu'elle existait auparavant.

Une ordonnance du 28 février 1841 décida qu'il pourrait être appelé des jugements des cadis devant la justice française.

D'après l'art. 5 de l'ordonnance du 26 novembre 1842 la Cour d'Alger connaît en matière civile et commerciale de l'appel des jugements rendus en premier ressort par les tribunaux musulmans. Ce système resta en vigueur jusqu'au décret du 1er octobre 1854.

Ce décret séparait absolument la justice indigène de la justice française. Au premier degré se trouvait le cadi. La circonscription judiciaire de chaque cadi était déterminée par un arrêté rendu en conseil du gouvernement.

Quelquefois, lorsque la population hanéfite était assez nombreuse, il y avait à la fois dans la même circonscription judiciaire un cadi maléchite et un cadi hanéfite.

Au-dessus des cadis, le décret institue, au second degré, des midjles. En agissant ainsi, le décret croyait rendre les midjles à leur ancienne fonction; mais il se trompait complétement, car ainsi que nous l'avons vu, les midjles n'avaient jamais été des cours d'appel.

Le décret innovait donc sans le savoir, car jusqu'alors e rôle des midjles avait été de conseiller le cadi et non pas de juger eux-mêmes. En outre les jugements rendus par le cadi, en assemblée des midjles, n'avaient jamais été que des jugements au premier degré.

Les midjles établis par le décret étaient au nombre de 21.

Pour unifier l'interprétation de la loi indigène, ce décret créait un conseil supérieur de jurisprudence musulmane.

Mais les parties n'avaient pas le droit de se pourvoir devant lui. C'était l'autorité supérieure seule qui pouvait provoquer ses avis. Mais ces avis, une fois émis, avaient force de loi à l'avenir.

En outre, aux termes du décret, « la direction et la surveillance de la justice musulmane appartiennent, sous l'autorité du gouverneur général : en territoire militaire, au général commandant la division; en territoire civil, au préfet du département. » Les indigènes avaient le droit de saisir d'un commun accord la justice française de leurs différends. Mais ils devaient le faire avant que la justice musulmane n'ait été saisie.

Le décret de 1854 laissait de côté la Kabylie et la région saharienne.

Le décret du 31 octobre 1859 revenait au système antérieur et abandonnait complétement le système de la séparation absolue des deux justices française et musulmane. Voici quels sont les articles 4 et 5 de ce décret :

« Article 4.— La justice entre les Musulmans d'Algérie est administrée au nom de l'Empereur par les cadis, par les tribunaux de 1re instance français et par la cour impériale.

Article 5. — Le territoire de l'Algérie pour l'administration de la justice musulmane, est divisé en circonscriptions judiciaires ressortissant des tribunaux de 1re instance. »

On s'est aperçu qu'on avait fait fausse route, en 1854.

Une des principales raisons de ce revirement était la vénalité des juges musulmans.

En effet, les motifs du décret nous montrent les plaintes des justiciables musulmans contre la vénalité de leurs juges. Les mêmes motifs font valoir, en outre, les avantages du système opposé. Ils initient, nous disent-ils, la magistrature française à la langue, aux coutumes, aux mœurs arabes. Ils popularisent les idées de droit chez un peuple qui, depuis des siècles, n'a connu que la violence. Le droit d'appel devant les tribunaux français établit un lien normal entre les deux justices sans froissement, il fait rentrer les indigènes dans le droit chemin.

Il prévient les abus ou tout au moins il empêche que ces abus ne deviennent irréparables.

Le décret du 31 décembre 1859 maintient au 1er degré les cadis. L'appel de leurs jugements était porté tantôt devant les tribunaux de 1re instance et tantôt devant la cour d'Alger. Maintenant, dans quels cas devraient-ils être portés devant les tribunaux de 1re instances et dans quels cas devant la cour d'Alger ? Cela dépendait de la valeur du litige. Jusqu'à un certain taux, l'appel devait être porté devant les tribunaux de 1re instance et au-delà de ce taux, devant la cour d'Alger.

Les Midjles étaient maintenus, mais ils étaient rendus à leur véritable rôle, ils redevenaient de simples conseils pour le Cadi jugeant en première instance. Aux termes du rapport : « Le décret rend à la juridiction des Cadis et aux midjles leur véritable caractère ». En outre, la surveillance des tribunaux indigènes qui appartenait autrefois à l'autorité administrative est donnée aux magistrats de la cour d'Alger. En outre les justiciables musulmans peuvent, d'un commun accord, porter directement leurs litiges devant les tribunaux français.

Aux termes de l'article 24 : « Les tribunaux de première instance et la cour sont assistés pour le jugement des affaires entre musulmans de deux assesseurs musulmans ayant voix consultative ». Le décret de 1859 comme celui de 1854 ne s'appliquait ni à la région saharienne ni à la Kabylie. Le décret de 1859 fut remplacé par celui du 13 décembre 1866. Ce dernier ne modifiait pas les règles générales du système du décret précédent; il se contentait de l'améliorer. Il exige d'abord des Cadis de sévères conditions d'aptitude. Il décide en outre que lorsque les justiciables

musulmans voudront s'adresser à la justice française
ils n'auront plus recours au tribunal de première instance
mais au juge de paix qui a plus d'analogie avec le Cadi.
En outre le décret élevait le taux de la compétence
d'appel des tribunaux de première instance. Au delà de
ce taux, on ne maintient plus la compétence de la cour
que pour la province d'Alger seulement. Pour les autres
provinces, ce sont les tribunaux de chefs-lieux, c'est-à-
dire d'Oran et de Constantine qui la remplacent.

Les appels des jugements entre Musulmans portés
devant la cour d'Alger et les tribunaux de première
instance doivent-être jugés par des chambres mixtes.
Ces chambres mixtes se forment par la transformation
des assesseurs du décret précédent en véritables juges.
En outre il est créé un conseil supérieur de droit
musulman.

Ce conseil supérieur composé de cinq jurisconsultes
musulmans pris parmi les plus éminents des trois
provinces est institué à Alger : « Si dans le cas d'une
procédure sur appel, dit le décret, les juges estiment que
la solution du procès dépend d'une question touchant
à la loi religieuse ou à l'état civil des Musulmans, il
doit d'office, ou sur la demande des parties, ou de
l'une d'elles, soumettre préalablement cette question au
conseil ». Telle est la règle écrite dans l'article 24 du
décret. Elle est impérative pour les tribunaux et pour
la cour elle-même.

Ce n'est point un simple avis qu'émet le conseil
supérieur, c'est une décision sur le point de droit à
laquelle le juge du fond doit se conformer.

Les avis émis par le conseil n'avaient de valeur que
pour la question pour laquelle ils étaient intervenus. Le

décret de 1866, pas plus que ceux de 1854 ou de 1859 ne s'appliquait à la région saharienne ni à la Kabylie. Le décret qui organisa la justice musulmane dans la région saharienne fut celui du 8 janvier 1870. En général, ce décret étend à la région saharienne les principes posés pour le Tell, par le décret de 1866, il y introduit cependant quelques modifications.

D'abord les appels des jugements des cadis doivent-être portés devant un tribunal unique pour chaque province; la cour, pour celle d'Alger; les tribunaux d'Oran et de Constantine pour les deux autres. En outre si l'affaire ne porte pas sur une question d'État et si elle n'excède pas un certain taux, si les parties ont demandé que l'affaire soit examinées en assemblée des Midjles et si l'avis du Midjles est conforme au jugement du cadi, l'appel ne peut plus être reçu.

La justice musulmane a été organisée en Kabylie par le décret du 29 août 1874. Jusque-là, les djemas ou conseils du village Kabyle, avaient conservé le droit de rendre la justice.

Le décret du 29 août 1874 le leur enleva et institua au premier degré les juges de paix et au 2ᵉ degré les tribunaux de Bougie et de Tizi-Ouzou.

Cependant il est un cas où les tribunaux jugent en premier ressort. Ce cas est prévu par le second paragraphe de l'article 7 du décret ainsi conçu. « Entre indigènes arabes ou Kabyles et Musulmans étrangers, les tribunaux de Tizi-Ouzou et de Bougie connaîtront des actions mobiliaires d'une valeur indéterminée ou supérieure à 60 francs de revenu déterminé ou par prix de bail. »

Au terme du second alinéa du premier paragraphe

de l'article 8 : « Les appels des jugements rendus en premier ressort entre indigènes, Arabes, Kabyles ou Musulmans étrangers par le tribunal de Tizi-Ouzou seront portés devant la cour d'Alger, ceux du tribunal de Bougie, devant le tribunal de Constantine. »

Cette dernière partie du décret a été modifiée et les appels du tribunal de Bougie, sont portés maintenant devant la cour d'Alger.

Un décret du 11 novembre 1875 supprima le conseil supérieur musulman.

Nous arrivons maintenant au décret du 10 novembre 1886.

Le décret de 1886 substitue le juge de paix au cadi comme juge de droit commun en matière musulmane.

Les cadis connaissent des différends concernant le statut personnel et les successions. Les appels des jugements des cadis sont portés devant les tribunaux de première instance excepté dans l'arrondissement d'Alger, où ils sont portés devant la cour. Les assesseurs musulmans sont supprimés par extinction, ils n'ont plus que voix consultatives.

Mais ne nous appesantissons pas davantage sur le décret du 10 septembre 1886, car il a été reproduit en grande partie par celui du 1er avril 1889 que nous allons étudier.

Quels sont depuis ce décret, les matières qui sont déférées à la juridiction française et quelles sont celles qui sont de la compétence de la juridiction musulmane ?

Et d'abord il ne faut pas confondre le juge français et la juridiction française, car il peut arriver que le juge français fasse office de juridiction musulmane. C'est ce qui a lieu, par exemple, pour les juges de paix ou encore pour les tribunaux de 1re instance lorsqu'ils connaissent en appel des jugements qui ont été rendus en premier ressort par les juges de paix ou les cadis. La juridiction française ce sont les tribunaux français jugeant d'après les mêmes règles de compétence ou de procédure que lorsqu'ils jugent entre citoyens français. C'est à dessein que nous ne disons pas lorsqu'ils jugent en France, car il est à noter que même entre citoyens français, les juges de paix algériens ont une compétence étendue. La juridiction française est compétente, même entre indigènes musulmans, toutes les fois que la matière est régie par la loi française, c'est le cas s'il s'agit d'un immeuble francisé. Elle est en outre compétente, même si la loi musulmane est applicable toutes les fois qu'un Français est en cause. Dans ce cas, le litige peut faire l'objet d'un recours en cassation; c'est ainsi qu'il y a des arrêts de la cour de cassation concernant des points de droit musulman, bien que la cour de cassation ne fasse pas partie de la juridiction musulmane.

Quels sont maintenant les juridictions musulmanes ?

D'abord au premier degré les cadis ou le juge de paix.

D'après l'article 7 du décret du 17 avril 1889 : « Les contestations relatives au statut personnel et aux droits successoraux sont portés devant le cadi ».

Toutes autres contestations sont portées devant le juge de paix. Et même dans certains cas, les contestations relatives au statut personnel et aux droits successoraux sont portés devant les juges de paix.

En effet, le décret ajoute :

« Toutefois sont portées devant le juge de paix les contestations relatives, 1° au statut personnel et aux droits successoraux des Mozabites introduites hors du Mzab.

2° Les différends sur les mêmes matières entre Kabyles en quelques lieux qu'ils soient ;

3° Les mêmes différends entre Kabyles et Arabes dans les justices de paix de Bouira, d'Aïn-Bessem, de Palestro (arrondissement d'Alger) et de Mansoura (arrondissement de Sétif). Dans tous les cas les parties peuvent, d'un commun accord, saisir le juge de paix.

Notons que, depuis le décret de 1886, les contestations sur le statut personnel et les droits successoraux des Mozabites introduites hors du Mzab ont été enlevées aux juges de paix quand on a institué des cadis Ibadites.

Les contestations relatives aux immeubles régis par la loi musulmane sont portées devant le juge de paix.

Les juges de paix sont juges de première instance en matière personnelle et mobilière entre musulmans. On peut se demander comment il peut en être ainsi, puisque d'une part les matières personnelles et mobilières ne sont pas réservées à la loi musulmane par l'article 1er, qui ne réserve que le statut personnel et les droits successoraux ; que, d'autre part, en vertu de l'article 6, « dans tous les cas où la loi française est applicable, les Musulmans sont justiciables de la juridiction française. » Or il s'agit ici du juge de paix faisant l'office de juridiction musulmane.

Mais il faut noter qu'en vertu de l'article 2 « en matière personnelle et mobilière le juge tiendra compte dans l'interprétation des conventions, dans l'admission des faits et l'appréciation de la preuve, des coutumes et usages des parties. »

Ce n'est donc pas, comme nous avons eu occasion de le dire, le droit français proprement dit qui est applicable, mais une sorte de droit mixte. En ce qui concerne l'appel, les règles édictées par le décret de 1886 sont toujours en vigueur, mais ces règles avaient le grand inconvénient de ne pas créer d'unité de jurisprudence en matière musulmane. Aussi le décret du 25 mai 1892 organisa-t-il une sorte de recours en cassation devant la Cour d'Alger.

« Si le procureur près la Cour d'Alger, dit le décret, est informé qu'il a été rendu en dernier ressort un jugement contraire aux principes et coutumes qui régissent les indigènes musulmans en ce qui concerne leur statut personnel, leurs successions et ceux de leurs immeubles dont la propriété n'est pas établie conformément à la loi française ou par un titre français administratif, notarié ou judiciaire, il peut déférer le dit jugement à la Cour d'appel dans le délai de deux mois à dater de sa prononciation. »

En outre, le décret décide que les jugements des cadis ou des juges de paix rendus en matière musulmane dans l'arrondissement d'Alger seront portés non plus devant la Cour, mais devant le tribunal de première instance, comme dans le reste de l'Algérie.

Le rôle régulateur de la Cour d'Alger en matière de jurisprudence musulmane se distingue du rôle que joue la Cour de Cassation en matière de jurisprudence française en ce que le droit de se pourvoir devant la Cour n'appartient pas à la partie elle-même, quoi qu'elle puisse profiter de l'arrêt de la Cour et en ce que la

Cour, après avoir cassé ce jugement, juge l'affaire au fond. Il s'en rapproche en ce que le jugement en dernier ressort ne peut être attaqué devant la Cour que sur la question de droit et non pas sur la question de fait. Il faut noter que les actions immobilières kabyles qui sont portées immédiatement devant les tribunaux de première instance en vertu du décret de 1874, sont portées en appel devant la Cour d'Alger. Mais c'est là une exception de peu d'importance.

Donc, en résumé, voici quels sont les tribunaux musulmans. En première instance, les cadis ou les juges de paix ; en appel, les tribunaux de première instance français et, au sommet, la Cour d'Alger faisant l'office de Cour de Cassation.

Les indigènes des Mzab annexés en 1882 ne sont pas des musulmans orthodoxes, ou Sonnites, mais ils sont Ibadites, ou si l'on aime mieux Ouabhites. Leur statut personnel et leurs successions sont réglés par la loi religieuse, c'est-à-dire par le Coran. L'interprétation qu'ils en donnent diffère donc de l'interprétation Sonnite.

Mais on peut dire que leur différence porte plutôt sur des questions religieuses que sur des questions de droit. Il n'y a donc pas de différence essentielle entre les règles qui régissent les indigènes musulmans du Mzab et celles qui régissent les autres indigènes musulmans d'Algérie.

Nous avons déjà eu l'occasion de dire plus haut que selon nous les indigènes Israélites du Mzab n'avaient pas profité de la naturalisation en masse accordée par le décret Crémieux aux indigènes israélites algériens puisqu'alors le Mzab ne faisait pas partie de l'Algérie. C'est là du reste l'avis de la jurisprudence. Quelle sera la loi qui réglera la condition des Israélites indigènes du Mzab ?

En général la jurisprudence applique le *sénatus-consulte* du 14 juillet 1865. Mais selon nous c'est là une erreur, car si le Mzab n'était pas encore annexé à l'Algérie en 1870 à plus forte raison ne l'était-il pas en 1865. Aucun texte ne règle leur condition. Nous pensons qu'ils sont restés sous l'empire de la loi judaïque, mais nous considérons par voie d'analogie que l'application de cette loi doit se restreindre, comme pour ce qui concerne les musulmans, au statut personnel et aux successions.

Selon la jurisprudence ceux des indigènes israélites d'Algérie qui n'ont pas rempli les conditions exigées par le décret explicatif du décret Crémieux, continuent à être régis par le *sénatus-consulte* du 14 juillet 1865.

Ce *sénatus-consulte* ne réservait à la loi judaïque que le statut personnel. La cour d'Alger avait décidé que les successions faisaient partie du statut personnel mais la cour de cassation s'était prononcée en sens contraire.

Il arrive souvent que des conflits peuvent se présenter entre la loi française et la loi musulmane. C'est surtout en ce qui concerne le mariage que ces conflits peuvent se rencontrer.

Supposons un mariage entre un Français et une musulmane ou entre un Musulman et une Française. Le premier cas ne pourra se présenter que rarement puisque ce mariage est formellement interdit par la loi musulmane. Il est probable que le second ne se rencontre pas bien fréquemment non plus et, toutefois, dans le premier de ces deux cas, le mariage serait parfaitement légal, selon le Coran, s'il s'agissait d'un français appartenant à la religion mahométane. Mais supposons le cas contraire ; ce qui arriverait le plus souvent si l'on ne tenait compte que de la loi personnelle de la Musulmane, le mariage devrait être nul, mais cela serait contraire à l'ordre public français. Une Musulmane peut donc épouser un Français, mais elle ne pourra le faire que dans la forme de la loi française et deviendra Française par ce seul fait.

Dans le second cas, celui d'un indigène musulman qui épouse une Française, il n'y a là rien de contraire au Coran, du moins si cette Française est une chrétienne ou une Israélite, car il semble bien qu'un Musulman ne peut épouser une libre-penseuse, puisque Mahomet défend le mariage avec toute femme n'ayant pas reçu les Écritures. Mais dans tous les cas, un citoyen ou une citoyenne française ne peuvent se marier en Algérie que selon les formes de la loi française, c'est-à-dire devant l'officier de l'état-civil français, car si la loi française permet aux Français de se marier à l'étranger selon les formes de la loi étrangère, il n'en est pas de même en Algérie qui est territoire français.

Et comme un mariage contracté selon les formes de la loi française ne peut être régi que par celle-ci, si un indigène musulman épouse une citoyenne française sans devenir pour cela citoyen français il sera néanmoins régi, quant à son mariage, par la loi française. Il ne pourra donc pas donner de compagnes à sa femme française, ni la répudier.

Dans le cas où deux musulmans ne se contenteraient pas de faire la déclaration exigée par la loi de 1882 sur l'état-civil des indigènes, mais se présenteraient en personne devant l'officier de l'État-civil français pour qu'il les marie selon les formes de la loi française, il semble que leur statut matrimonial serait régi par cette loi.

Il résulte de ce qui précède que pour que l'un de nos officiers de l'état civil puisse marier selon les formes de notre loi, il faut que le mariage puisse être régi par notre code et par conséquent il devra se refuser à célébrer le mariage d'un indigène qui aurait déjà une première femme.

Une question très délicate est celle de savoir qu'elle sera la situation lorsqu'un indigène déjà marié demande la naturalisation et que la femme ne la demande pas. Nous avons déjà eu l'occasion de dire plus haut que dans ce cas, à notre avis, du moins, la naturalisation du père emportait de plein droit celle des enfants mineurs, mais non pas celle de la femme. Certains pensent que la loi musulmane n'étant qu'une loi d'exception, et la loi française la loi de droit commun, le mariage sera régi par cette dernière.

D'autres pensent au contraire que le mariage sera régi par la loi française, quant au mari, et par la loi musulmane, quant à la femme, c'est-à-dire que la femme pourra toujours réclamer sa dot, qu'elle conservera son entière capacité juridique, qu'elle pourra réclamer le divorce selon les formes de la loi musulmane, et s'il s'agit d'une Kabyle le droit de demander le divorce sera remplacé par le droit de fuite ou d'insurrection ; le mari ne pourra plus la répudier ni lui donner de compagne.

La loi musulmane refuse de donner leurs parts de succession à ceux des héritiers qui n'appartiennent pas à cette religion. Cet article est-il toujours applicable en Algérie ou doit-on le considérer comme contraire à l'ordre public français ? Oui, selon nous.

Si les immeubles pourvus d'un titre français sont régis par la loi française il faut faire exception en ce qui concerne les successions. Voici comment M. Besson s'exprime à ce sujet : « Le principe suivant d'après lequel la transmission même entre Musulmans d'un immeuble soumis aux statuts français et réglée par la loi territoriale française reçoit une importante limitation en ce qui concerne les mutations à cause de mort. Respectueuse de la tradition législative la loi du 26 juillet 1873 laisse les successions indigènes aussi bien pour les immeubles que pour les objets mobiliers sous l'empire de leurs lois et de leurs coutumes personnelles. Lors donc que la succession d'un Musulman comprend des immeubles au titre français, deux lois sont en lutte : d'une part la loi française qui s'attache à l'immeuble dont elle fixe le statut d'une façon indélébile d'autre part la loi personnelle du de cujus musulman et de ses héritiers. Qui doit l'emporter dans ce conflit ou plus exactement quelle sphère d'application convient-il de faire à chacune des législations en présence ?

La question doit être réglée par une distinction. Pour le fond, c'est-à-dire pour toutes les questions que soulève la dévolution héréditaire il n'y a d'autres règles à suivre que celles du droit musulman, même en ce qui concerne l'immeuble français compris dans la succession. S'agit-il au contraire de dégager les droits individuels des héritiers au moyen d'un partage ou d'une licitation la loi française entre en vigueur et exclut à son tour la loi musulmane.

Ainsi la loi ou la coutume indigène doit être suivie lorsqu'il s'agit de déterminer le moment de l'ouverture des successions musulmanes et d'apprécier la capacité du successible.

Il faudra donc appliquer même à l'égard des immeubles héréditaires ayant titres français les règles complexes qui déterminent en droit islamique la double hiérarchie successorale des fards et des acebs le calcul des réserves et la répartition successorale entre les ayants-droit. Le droit indigène devra seul être interrogé pour déterminer dans quels cas et dans quelle mesure l'État français substitué aux droits de la Karouba et du Beit-el-mal peut se prévaloir de sa qualité de successeur régulier et venir au partage de la succession.

Il en est d'ailleurs à cet égard de la succession testamentaire comme de la succession ab intestat. La capacité du testateur et celle du légataire se mesurent d'après les prescriptions de leur statut personnel, alors même que les dispositions à cause de mort auraient pour objet un immeuble français par son origine. Ici comme en matière de succession légitime la loi française n'a pas à intervenir elle cède le pas au droit musulman.

Mais où la loi française reprend ses prérogatives et affirme sa suprématie, c'est lorsqu'il s'agit de faire par voie de partage dans la succession la part de chaque ayant-droit. On se trouve alors en présence d'une opération juridique tendant à constituer la propriété individuelle et tendant à la dégager de l'indivision dans laquelle elle n'existe qu'à l'état latent.

Or la loi du 26 juillet 1873 pose en principe que l'établissement de la propriété immobilière en Algérie est, abstraction faite des personnes, régie par la loi française. Si, en conséquence, une succession musulmane est purement immobilière ou comprend des meubles et des immeubles, le partage auquel elle donne lieu échappe à la loi musulmane et relève de la loi française.

Cette solution a été consacrée explicitement par la loi du 28 avril 1887 et par le décret du 17 avril 1889. Les dispositions de ces deux actes législatifs se résument en peu de mots.

Si la succession est purement mobilière, c'est la loi indigène qui est seule applicable et c'est le cadi qui est appelé à procéder aux opérations de compte, liquidations et partages.

Si au contraire l'hérédité comprend des immeubles, le partage en est opéré dans les formes de la loi française par le ministère d'un notaire français.

Si maintenant nous passons de l'Algérie en Tunisie, nous y retrouverons encore le droit musulman, avec cette différence que ce droit musulman n'a pas été altéré par les modifications qu'il a subies en Algérie. En effet, en Tunisie, la juridiction musulmane est absolument indépendante de la juridiction française. Cette dernière n'a de compétence en matière civile que toutes les fois qu'un européen ou qu'un protégé européen est en cause. Telle est la règle générale, exception est faite toutefois en matière réelle immobilière. Alors, comme nous l'avons déjà dit, au lieu de s'occuper de la nationalité des parties en cause, il semble que l'on ait tenu compte de la nationalité de l'immeuble.

Toute contestation concernant un immeuble est de la

compétence de la juridiction française toutes les fois que cet immeuble est immatriculé. Dans le cas contraire, elle est de la compétence de la juridiction tunisienne : « L'immatriculation, dit M. de Dianous, a créé pour ainsi dire l'état-civil de la propriété. Un fonctionnaire appelé conservateur de la propriété foncière établit lors de chaque immatriculation, un titre en langue française, comportant la description de l'immeuble, sa contenance, les plantations et constructions qui s'y trouvent et l'énumération des droits réels immobiliers et des charges qui le grèvent.

Un plan établi par les soins d'un autre fonctionnaire le chef du service topographique est annexé au titre de propriété. Chaque titre porte un numéro d'ordre et est inscrit sur un registre spécial.

Copie exacte et complète de ce titre est remise au propriétaire ; un certificat d'inscription est délivré au titulaire de droit réel ou charges grèvant l'immeuble.

On conçoit que l'établissement d'un titre de propriété fasse nécessairement l'objet d'une procédure spéciale ayant pour but d'établir une exacte description de l'immeuble et de mettre les tiers en demeure de faire connaître dans un délai de rigueur passé lequel la purge s'opère de plein droit, les droits qu'ils peuvent avoir sur cet immeuble et de juger les oppositions qui se produisent en temps utile.

Un premier effet considérable de l'immatriculation est de purger l'immeuble de tous les droits réels et charges occultes qui n'ont pas été révélés à temps.

Une fois l'immatriculation opérée toutes les modifications qui peuvent survenir dans la consistance matérielle de l'immeuble ou dans son état juridique, doivent-être immatriculées sous peine de ne pas être opposable au tiers. L'annulation d'une inscription nn pourra dans aucun cas être opposable aux tiers de bonne foi.

Les transactions immobilisées en même temps qu'elles acquièrent une certitude absolue, deviennent plus faciles et moins coûteuses.

Le concours des officiers ministériels cesse d'être nécessaire puisque tous les contrats peuvent être rédigés en la forme sous seing privé et qu'il suffit d'une simple inscription à la conservation pour leur donner l'authenticité et la publicité. »

L'immatriculation est facultative.

Quand un propriétaire demande l'immatriculation de son immeuble, on commence par en faire l'insertion au *Journal officiel tunisien* en arabe et en français. A partir de cette insertion, tout opposant est admis à faire valoir ses prétentions devant le conservateur de la propriété foncière, le juge de paix ou le caïd. Les oppositions sont jugées par un tribunal mixte qui juge en premier et dernier ressort sans aucune espèce de recours possible. Une fois qu'un immeuble est immatriculé, toutes les contestations le concernant deviennent par ce seul fait de la compétence des tribunaux français. La loi qui a introduit l'immatriculation en Tunisie est la loi du 1er juillet 1885. Son système est emprunté à la loi australienne connue sous le nom d'acte Torrens.

On peut dire que le régime foncier qu'elle a introduit en Tunisie se distingue de la loi française par les points suivants :

1º Au lieu d'être tenu par nom de propriétaire, comme le sont en France le registre des transcriptions de ventes et le registre des inscriptions d'hypothèques, le registre des immatriculations est tenu par immeuble ;

2° Ce registre des immatriculations réunit à lui seul le registre des transcriptions de ventes et le registre des inscriptions hypothécaires ;

3° Tous les changements de propriétaire de quelque nature qu'ils soient, entre vifs ou à cause de mort, toutes les modifications de la propriété, tous les droits réels doivent être inscrits. En conséquence il n'y a pas d'hypothèques dispensées de l'inscription, de sorte qu'on peut se rendre compte de la situation exacte d'un immeuble en jetant un coup d'œil sur le registre des immatriculations ;

4° L'immatriculation a une valeur absolue, elle est par elle-même la preuve de la propriété, celui aux dépens duquel une erreur pourrait être commise est garanti par une caution sur un fond d'assurance, entretenu par des sommes que doivent verser tous ceux qui font immatriculer leurs immeubles

De sorte qu'on peut dire qu'en Tunisie la règle est qu'en fait d'immeubles immatriculation vaut titre, de même qu'en France, en fait de meubles, possession vaut titre. Enfin il y a la feuille volante, de laquelle nous avons déjà parlé, quand nous avons cité M. Dianous.

Cette feuille reproduit entièrement le titre de propriété de sorte qu'on peut transmettre l'immeuble en transmettant la feuille et, pour que la transmission soit valable, il suffit que le nouvel acquéreur la fasse transcrire sur le registre foncier.

Les contestations qui s'élèvent au sujet des immeubles non immatriculés sont, comme nous l'avons déjà dit, de la compétence de la juridiction musulmane, exception est faite toutefois lorsque toutes les parties en cause sont Françaises ou Européennes. Mais lorsqu'un Français est en cause ainsi que des Tunisiens, l'incompétence des tribunaux français est-elle absolue ou relative? Le tribunal de Tunis avait d'abord décidé qu'elle n'était que relative, mais la cour d'Alger en a décidé autrement.

Que faut-il penser de cette jurisprudence? au premier abord on est tenté de donner raison au tribunal de Tunis.

La jurisprudence française ne devrait-elle pas en effet chercher à attirer à elle autant que possible toutes les questions intéressant les Français et même toutes les questions en général et n'est-il pas désirable que les Français n'aient en général dans aucun cas à comparaître devant la juridiction musulmane?

Mais si on y réfléchit davantage on donne raison à la cour d'Alger, car en effet ce qu'il faut avant tout, en Tunisie, c'est engager les propriétaires à faire immatriculer leurs immeubles. Si donc un propriétaire français veut soustraire son immeuble à la juridiction musulmane il n'a qu'à le faire immatriculer. On pourrait croire qu'il y mettrait plus de négligence s'il pouvait sans cela bénéficier de la juridiction française.

La loi tunisienne de 1885 a consacré certaines formes de propriété spéciales à la Tunisie ou aux pays musulmans c'est ainsi que les biens habous ont été maintenus. Les biens habous sont toujours inaliénables en principe, mais on peut les louer moyennant une rente perpétuelle qui n'est pas rachetable.

On voit donc que la loi tunisienne est en général supérieure à la loi française et surtout à la loi française telle qu'elle fonctionne en Algérie. Il serait donc très profitable d'en étendre les dispositions à l'Algérie et à la France elle-même.

Un contrat qui a disparu en Algérie et qui existe encore en Tunisie est le contrat de Khammès ou contrat de travail et de fermage agricole. En effet si les travailleurs ou fermiers indigènes sont toujours désignés en Algérie sous le nom de Khammès, du moins ne sont-ils pas comme en Tunisie toujours réduits à un état voisin du servage.

Voici comment M. Dianous s'exprime à ce sujet : « Le code agricole a été promulgué le 13 avril 1894. Un de ses principaux objets est de réglementer les relations entre propriétaires et Khammès.

L'année agricole commence au 13 octobre. Le locataire doit jouir selon l'usage des lieux. Les Khammès exerce un prélèvement du cinquième sur la récolte, qu'il faut défalquer de la nourriture des animaux nécessaires au travaux de l'exploitations. L'agriculteur et le Khammès peuvent continuer leur société ou la dissoudre quand la récolte est rentrée ou les travaux exécutés pour le 13 octobre.

Passé cette date la société est prorogée de plein droit pour un an. Le Khammès qui veut se retirer doit en outre avant cette date offrir à l'agriculteur le paiement des avances qui lui ont été faites ou lui offrir caution solvable de ce paiement. Faute de payer ou de fournir caution le Khammès doit continuer ses services à peine d'être incarcéré tant qu'il est capable de travailler.

Le Khammès ne peut quitter son état qu'en devenant agriculteur lui-même il ne peut changer de profession, ni demeurer oisif.

Si le Khammès a besoin d'effets, de vivres etc., le maître doit lui en fournir à titre de prêt. On voit par-là que pour ne pas être précisément l'esclavage, la condition du Khammès se rapproche du servage. Ce qui nous paraît contraire à la liberté individuelle, c'est cette obligation de continuer à travailler pour le propriétaire à qui il n'a pas payé ce qu'il doit. Il faut dire cependant qu'en France il n'y a pas longtemps encore des ouvriers de l'industrie, à qui des patrons avaient fait des avances, se trouvaient dans une situation analogue lorsque les avances avaient été marquées sur leurs livrets.

Mais ce que nous trouvons absolument monstrueux c'est l'interdiction pour le Khammès délivré de toute dette de rester oisif ou de changer de profession.

Il y a en Tunisie deux sortes de juridiction musulmane, les juridictions religieuses et les juridictions laïques : « Les premiers de ces tribunaux appliquant la loi religieuse dit M. Dianous, ressortent les affaires de statut personnel, de mariage, de succession et en général toutes les questions touchant à la constitution de la famille et de la propriété ou relevant de l'administration générale : aux seconds qui appliquent une sorte de droit honoraire fondé sur les décrets et les décisions du pouvoir séculier sont soumis, tous les litiges qui ne rentrent pas dans la compétence du Chara et les crimes et délits.

L'organisation des tribunaux musulmans est réglementée par le décret du 25 mai 1876.

A Tunis un cadi du rite hanéfite et un cadi du rite maléhite constituent le premier degré de juridiction.

Au degré supérieur est le tribunal du Chasa, composé

des cadis et d'un certain nombre de muphtis et présidé, la chambre hanéfite par le cheik-ul-islam et la chambre maléchite par le bach-muphti. Dans les provinces il y a aussi un cadi seul et au-dessus un tribunal de Chara.

D'une façon générale, la compétence des tribunaux religieux est mal définie, elle ne se limite pas aux affaires du statut personnel et successoral, elle peut être étendue à la plupart des litiges à l'exception de certaines matières dont un texte spécial a réservé la connaissance aux seuls tribunaux laïques.

Les questions relatives aux contrats de Khammès par exemple. Si, abandonnant ce point général, on veut étudier les limites de la compétence des divers tribunaux religieux, leur hiérarchie au point de vue des appels, etc., les textes dont on dispose paraissent incohérents et les magistrats que l'on consulte semblent se contenter d'un à peu près qui ne dissipe pas toute incertitude.

Le cadi juge au premier degré, il n'est jamais compétent en dernier ressort quelque soit l'importance du litige.

Nous avons vu que les tribunaux sont du rite Hanéfite ou du rite Malékite. En principe, c'est au défenseur qu'il appartient de choisir le rite suivant lequel il veut être jugé. Il faut ajouter que ce défenseur ne peut décliner la compétence du tribunal devant lequel on l'assigne, qu'au début du procès et avant toute défense au fond.

Dans les tribunaux musulmans, les jugements sont rendus à la pluralité ou à l'unanimité des voix. En cas de divergence entre les avis exprimés par les membres du Chara, sans que leur division puisse être ramenée à une seule opinion, un rapport est adressé à l'autorité supérieure, qui statue. Les parties peuvent se faire représenter par des oukils devant les tribunaux musulmans. Une condition obligatoire pour les oukils, est d'être personnellement soumis à la juridiction du Chara.

La compétence des Caïds au civil entre Tunisiens est illimitée, mais ils ne jugent jamais en dernier ressort. Les partis peuvent toujours faire appel de leurs jugements à l'Ouzara. D'autre part, toute personne peut porter directement plainte à ce tribunal, sans passer par le tribunal du Caïd, quelque soit l'importance du litige. Le tribunal de l'Ouzara constitue la juridiction laïque au degré supépérieur.

A Tunis, les affaires qui, dans les provinces, sont jugées par le Caïd sont dévolues au Férick, ou juge du tribunal de la Driba.

Les affaires concernant le statut personnel des Israélites sont jugées en premier ressort par le rabbin ordinaire et en appel par le tribunal supérieur composé du grand rabbin et de deux simples rabbins.

On voit donc en résumé, qu'il y a en Tunisie deux sortes de tribunaux musulmans, les tribunaux laïques et les tribunaux religieux.

Les tribunaux religieux jugent des affaires se rattachant au statut personnel et aux successions, ils peuvent en général être également compétents sur toutes les autres questions, les tribunaux laïques sont compétents sur toutes les affaires autres que le statut personnel et les successions.

Les tribunaux religieux appliquent le droit musulman pur. On peut dire que les tribunaux laïques appliquent

une sorte de droit honoraire qui sans être en contradiction avec le droit religieux s'est développé cependant à
côté de lui.

Voici comment M. Lapie s'explique sur le Chara et
l'Ouzara : « Tout ce qui est immuable dépend du Chara
tout ce qui change dépend de l'Ouzara. Les institutions
domestiques sont soumises à la loi coranique, elles sont
conservées par le chara. Au contraire les règlements de
police sont modifiés par les circonstances. La propriété
mobilière a pris un développement que le prophète ne
semblait pas prévoir, les affaires de ce genre relèvent de
l'Ouzara, cet exemple prouve que l'on a tort de croire à
l'immutabilité absolue des institutions musulmanes.
Précisément parce qu'elles sont l'œuvre d'esprits impré-
voyants elles ont dû se plier au gré des événements et
les progrès de l'Ouzara étaient nécessaires dans l'évolution spontanée de la justice musulmane. La procédure
des deux tribunaux dépend de leur caractère, au Chara
elle est immuable à l'Ouzara elle est perfectible.

Au Chara toute plaidoirie doit être écrite par les
notaires, elle est présentée au cadi qui la communique
au déffenseur, celui-ci doit donner la réponse dans la
même forme, le débat peut s'éterniser.

Enfin le cadi après avoir lu tous les actes, interrogé
les parties, entendu les témoins rend son jugement.

Les jugements ne sont pas conservés, le tribunal n'a
pas de greffe, aussi arrive-t-il souvent qu'un plaideur
introduise une nouvelle instance comme si l'affaire
n'avait pas été jugée. La procédure est lente et coûteuse.
Ce n'est pas que les frais de justice soient élevés, la
justice est gratuite mais une même affaire exige des
déplacements nombreux, A chaque instant il faut avoir

recours aux notaires qui font payer leur ministère. Quelques soient les inconvénients de cette procédure elle a pour les Arabes un grand mérite, elle est antique.

La procédure de l'Ouzara est plus moderne, si elle avait admis la publicité des débats, elle aurait ressemblé jusqu'en ces derniers temps à la procédure des tribunaux anglais.

Les témoins et les plaideurs étaient interrogés par un juge unique qui n'avait d'autre mission que de tout écrire. Il proposait pour chaque affaire une soumission à son chef hiérarchique. Mais cette procédure a été modifiée. »

Dans ce passage de M. Lapie, il a été question des notaires, il s'agit là des notaires tunisiens et non pas des notaires français.

Voici comment M. Dianous s'exprime au sujet de de ces notaires : « Les notaires sont nommés par décret sur la proposition du tribunal du Chara et des cadis de province. Les candidats à l'emploi de notaire doivent-être toujours justiciables des tribunaux religieux, être toujours d'une moralité irréprochable et posséder des connaissances suffisantes pour exercer leurs fonctions.

Les notaires ne peuvent instrumenter que dans l'étendue de leur circonscription, ou munis d'une autorisation spéciale. Ils exercent leur office sous la surveillance du ministère du cadi.

Les actes notariés sont inscrits sur des registres et conservés au ministère sans blancs ni intervalles. Toutes les sommes énoncées dans les actes notariés doivent-être exprimées en francs.

En principe l'autorisation du cadi ou du caïd est nécessaire pour établir un acte notarié. Le cadi doit autoriser tous les actes relatifs au statut personnel, l'autorisation du caïd est nécessaire pour les actes ayant un caractère administratif. Les actes administratifs sont établis par les cheiks d'après les règles générales imposées aux notaires. Mais ces actes sont dispensés du timbre.

Il existe également en Tunisie des notaires israélites qui exercent leurs fonctions sous la surveillance des rabbins. Les dispositions énoncées plus haut pour le notariat musulman s'appliquent au notariat israélite.

On voit donc que lorsque la France établit son protectorat sur la Tunisie la législation de la régence était en partie européanisée et l'on peut dire aussi laïcisée.

En tous cas elle avait déjà une forme bien plus européenne que la législation algérienne en 1830.

C'est ainsi que même pour les tribunaux religieux, il y avait deux degrés de juridiction. C'est ainsi qu'à côté du droit religieux il s'était formé une sorte de droit honoraire.

La France maintenant qu'elle est installée en Tunisie n'a qu'à profiter de ces tendances mais ce que les beys ne pouvaient faire qu'indirectement et par des moyens détournés elle peut le faire directement. Toutefois elle doit éviter de froisser les susceptibilités de ses sujets musulmans.

C'est du reste ce qu'elle a fait pour la loi foncière par exemple dans laquelle elle a conservé certains principes du droit islamique.

Notons à ce sujet qu'un jurisconsulte musulman a publié un ouvrage dans lequel il s'efforce de démontrer la parfaite orthodoxie de cette loi.

Mais le droit musulman n'est pas le seul droit indigène en Tunisie il y a dans l'ancienne régence un certain nombre d'indigènes qui ne sont pas Musulmans, nous voulons parler des indigènes israélites. En Algérie la loi israélite n'a plus guère d'importance depuis le néfaste décret Crémieux, mais il n'en est pas de même en Tunisie.

Nous avons déjà eu l'occasion de dire que les questions concernant le statut personnel et les successions des israélites étaient jugées par leurs rabbins.

Le droit israélite est, comme le droit musulman un droit religieux, mais ce caractère religieux est moins absolu chez lui que dans le droit musulman.

Chez les Israélites tunisiens le mariage est presque obligatoire. La polygamie est en général plutôt tolérée que permise.

Elle n'est recommandée que lorsque la première femme ne peut plus avoir d'enfants : « Le célibat, dit M. Lapie, en parlant de l'esprit de la loi israélite est un crime contre la vie humaine. D'autres civilisations méprisent le célibataire, les Musulmans sont pour lui presqu'aussi sévères que les Juifs, les Européens n'ont pas pour les vieux garçons et les vieilles filles la considération qu'ils ont pour les gens mariés. Mais dans notre société le célibataire est simplement tenu pour un être dont l'âme se dessèche et dont la vie risque de manquer de dignité. Les Musulmans craignent en lui un voleur de la propriété d'autrui. Pour les Juifs, le célibataire est un criminel, il ne tue pas mais il s'abstient d'engendrer. Le célibat est un crime contre l'humanité future.

La multiplication de l'espèce est la fin dont la polygamie, le divorce et le lévirat sont les moyens. Les juifs sont polygames comme les Arabes mais cette polygamie n'a pas les mêmes causes, aussi n'est-elle pas de la même nature. Elle naît chez les Arabes d'un besoin voluptueux et d'un besoin économique. Même les restrictions que la loi apporte à la polygamie chez les Musulmans présentent un double intérêt. Il n'est interdit à l'Arabe de prendre plusieurs femmes que s'il ne peut les satisfaire ou les entretenir.

Ces règles sont écrites dans la loi juive mais elles ne sont qu'accessoires. Au contraire la loi fondamentale de la polygamie juive est absente des loi musulmanes. La polygamie n'est permise que s'il y a certitude que la première femme ne peut plus avoir d'enfant, même lorsqu'elle a des fils, la plupart des Israélites tunisiens sont monogames. On estime à une dizaine seulement, dans une population de quarante mille âmes, le nombre des familles polygames. Polygames, comme les Arabes, les Juifs divorcent comme eux, mais le divorce n'a pas le même principe.

Cependant certaines causes de divorce sont communes aux deux sociétés.

L'adultère est chez les deux une cause valable de divorce, de même l'incompatibilité d'humeur. Mais la stérilité qui n'est pas chez les Arabes une cause valable de divorce suffit, chez les Juifs, pour dissoudre l'union. L'enfant étant le but principal de la famille, la femme qui ne peut plus devenir mère doit disparaître de la famille.

Du même principe dérivent les restrictions à la liberté du mariage. La vieillesse est stérile, les jeunes filles ne peuvent pas épouser des vieillards, les jeunes gens des vieilles femmes. Il est interdit d'épouser des étrangers. C'est dans l'intérêt exclusif de l'humanité future que les Juifs sont endogames.

Que leur opinion soit vraie ou fausse peut importe c'est leur opinion qui les guide. Les mariages mixtes nuisibles à l'espèce seraient contraires au but de la famille.

Réciproquement les mariages consanguins passent pour être féconds il est donc recommandé de se choisir pour femme une parente. Le code rabbinique autorise le mariage dans des cas où une dispense nous serait nécessaire. L'homme veuf peut épouser la sœur de sa femme décédée, l'oncle peut épouser sa nièce. Quant aux mariages entre cousins ils sont non seulement autorisés mais conseillés.

Enfin le même souci de l'avenir explique l'institution du levirat. Quant un homme meurt sans enfants son frère consanguin, même s'il est déjà marié, doit épouser sa veuve. Les enfants nés de ce mariage seront tenus pour enfants nés du premier époux. Le frère du défunt peut refuser d'épouser sa veuve, mais ce refus lui enlève l'héritage de son frère et lui attire une humiliation publique ».

D'après la loi Israélite la majorité est à treize ans.

Nous avons déjà dit que les contestations concernant le statut personnel des Israélites sont jugées par leurs rabbins. Les contestations entre eux et les musulmans sont jugées par les tribunaux musulmans.

Il paraît que les Israélites tunisiens échangeraient

volontiers cette dernière juridiction contre celle des tribunaux français, et qu'ils préféreraient même celle-ci à celle de leurs rabbins.

Cela pourrait s'accorder, quoique cependant il ne faille pas oublier que dans les pays de protectorat, ce sont les tribunaux de l'État protégé qui sont les tribunaux de droit commun. Mais il pourrait arriver qu'on annexe la Tunisie, dans ce cas ou pourrait aller jusqu'a leur enlever leur statut personnel et les soumettre à la loi française, puisque ces matières n'ont pas un caractère aussi religieux dans la loi Israélite que dans la loi musulmane. Mais il faudrait en rester là et ne pas les naturaliser en masse, ainsi que l'a fait le décret Crémieux qui a été si préjudiciable à l'Algérie.

Si de la Tunisie nous passons au Sénégal nous retrouvons encore le droit musulman. La plupart des indigènes du Sénégal appartiennent en effet à la religion musulmane. La juridiction musulmane est organisée au Sénégal par le décret du 20 mai 1857.

Les articles 1, 2, 3 et 4 de ce décret sont ainsi conçus :

Article 1. — Il est créé à St-Louis un tribunal musulman composé d'un cadi, d'un assesseur qui le supplée en cas d'empêchement et d'un greffier.

Article 2. — Le tribunal musulman connait exclusivement les affaires entre indigènes musulmans et relatives aux questions qui concernent l'état-civil, les mariages, successions, donations et testaments. Les causes sont instruites d'après le droit et les formes de procédés en usage chez les Musulmans, il connait l'exécution de ses jugements.

Article 3. — L'appel est accordé aux parties contre les jugements du tribunal musulman. Il y est statué d'après la loi musulmane par un conseil composé du gouverneur, président, d'un conseiller à la cour impériale, du directeur des affaires indigènes et du chef de la religion musulmane ou Tunisir.

Article 4. — Les parties peuvent d'un commun accord porter leurs différends, devant les tribunaux français, qui statueront selon les règles de la compétence et les formes de la loi française. Le consentement des parties résulte de leur comparution volontaire devant le tribunal français. »

Nous voyons qu'au terme de ce décret les seules questions réservées à la jurisprudence musulmane sont : Les actes de l'état-civil, le mariage, les successions, les donations et les testaments, et même dans ces questions la jurisprudence musulmane ne juge que le côté purement religieux.

Les questions pécuniaires qui en dépendent sont jugées par les tribunaux français. Ainsi par exemple la validité d'un mariage est du ressort des tribunaux musulmans, les contestations concernant la dot sont du ressort des tribunaux français. La dévolution d'une succession est jugée par le cadi, mais les contestations concernant le partage de cette succession sont du ressort de la juridiction française.

Dans ce cas, la juridiction française applique la loi musulmane. Il en est de même lorsqu'elle est saisie par l'accord des deux partis d'une contestation qui est ordinairement de la compétence du cadi.

Dans tous les autres cas, c'est la loi française qui est applicable, même dans les questions concernant le statut personnel. Ainsi, par exemple, les questions de majorité sont jugées d'après le Code civil. On voit donc que l'empire de la loi musulmane est moins étendu au Sénégal qu'en Algérie, puisqu'en Algérie les indigènes sont soumis à la loi musulmane pour tout ce qui concerne leur statut personnel et leur succession, sans compter ceux de leurs immeubles qui ne sont pas soumis à la loi française, tandis qu'au Sénégal la loi musulmane n'est en vigueur que pour certaines questions énumérées d'une façon absolument limitative.

Notons que le décret qui promulgua le Code civil au Sénégal autorise les indigènes à faire la preuve par témoin même au-dessus de 150 francs, même en matières immobilières. Des indigènes en profitèrent pour réclamer les terres de l'État et les tribunaux leur donnèrent raison. On fut obligé d'abroger la partie du décret qui les autorisait à faire la preuve par témoins.

Ces règles s'appliquent aux territoires du Sénégal qui sont complétement annexés, car ainsi que nous l'avons dit plus haut, le Sénégal se divise en pays annexés et en pays simplement protégés. Dans les pays protégés c'est la loi indigène, c'est-à-dire la plupart du temps la loi musulmane qui est encore entièrement en vigueur.

Au Soudan, la loi indigène a été maintenue comme au Sénégal, cette loi est le plus souvent la loi musulmane, cependant une notable partie de la population est encore fétichiste. Les lois ou pour parler plus exactement les coutumes de ces peuplades sont loin d'avoir la valeur scientifique que nous avons rencontrée dans le droit musulman.

Nous avons déjà eu l'occasion de dire que les populations du Soudan comprenaient différentes classes ou, si l'on aime mieux, différentes castes, et que ces castes étaient : Les guerriers, les agriculteurs, les griots et les artisans.

Les guerriers sont les nobles du pays, ils se divisent en grandes familles: ils méprisent les travaux manuels, mais ils estiment l'agriculture.

Les agriculteurs forment la seconde classe ; en cas de guerre, ils portent les armes sous les ordres des guerriers.

Les artisans forment la troisième classe.

La dernière et la plus méprisée est celle des griots, espèces de sorciers.

Au-dessous de ces castes d'hommes libres sont les esclaves, la France n'ayant pas encore réussi complétement à abolir l'esclavage au Soudan, quoiqu'elle dirige tous ses efforts vers ce but, qu'elle espère atteindre progressivement.

Il y a au Soudan trois sortes d'esclaves ou de captifs.

Le captif de case, le captif de guerre et le captif de traite ou de commerce.

Le captif de case est celui dont les parents faisaient partie du bien de la famille depuis au moins une génération. Il n'est pas trop maltraité, on ne le vend pas, on le considère en quelque sorte comme de la famille. Son maître lui demande ses avis dans les circonstances délicates, il peut même quelquefois être appelé à le remplacer.

Après le captif de case il y a le captif de guerre ou de culture. Il est chargé des travaux agricoles.

Il est arrivé très jeune dans le pays à la suite du massacre des guerriers de son village. Il a été élevé avec les enfants du maître.

Le captif de traite ou de commerce, est celui dont le sort est le plus misérable, c'est surtout cette dernière catégorie d'esclaves que l'autorité française s'efforce de faire disparaître, elle y est déjà à peu près arrivé dans certaines contrées.

Nous avons déjà eu l'occasion de dire que l'un des principaux moyens qu'employait l'autorité française pour faire disparaître l'esclavage, était la création des villages dits de liberté. Ces villages de liberté sont, comme nous l'avons déjà expliqué, des postes français dont le territoire environnant a été déclaré lieu d'asile, les esclaves peuvent s'y fixer librement.

Les habitants du Soudan français sont polygames. S'ils sont musulmans, ils peuvent avoir jusqu'à quatre femmes légitimes et des concubines esclaves. Il semble que les fétichistes suivent sur ce point l'exemple des Musulmans et bornent à quatre le nombre de leurs femmes légitimes.

Dans la peuplade des Bambaras et celle des Kamninkés, lorsqu'un jeune homme veut se marier, il envoie au père de la jeune fille qu'il recherche, une douzaine de kohlas blancs. Si le père accepte, il en renvoie de couleur semblable, s'il refuse, il renvoie des kohlas rouges. Le jeune homme une fois agréé, envoie des victuailles pour le repas de noce. Il peut alors emmener sa femme. C'est à ce moment que le père lui ré-

clame la dot, il est rare qu'elle soit payée comptant ;
le plus souvent le mari n'en donne qu'une partie et s'engage à payer le reste plus tard.

S'il est mécontent de sa femme, il peut la répudier et
réclame à sa famille la dot payée.

Dans un seul cas la femme peut conserver la dot,
c'est lorsqu'elle est répudiée dans les premiers jours
du mariage sans que celui-ci ait été consommé.

Dans la Guinée française, autrefois appelée Rivières du
sud, la plus grande partie de la population est musulmane. C'est donc le droit musulman qui constitue la loi
indigène. Cette loi indigène est applicable dans son inté-
gralité en ce qui concerne le droit civil.

Dans la Côte-d'Ivoire, ainsi que dans le Dahomey et
ses dépendances, on ne trouve plus le droit musulman,
car les populations y sont fétichistes. Au point de vue
de la loi civile, les indigènes continuent à être régis par
leurs anciennes coutumes.

Il en est de même dans la colonie de l'ouest africain,
qui comprend le Gabon et le Congo.

Dans notre colonie de la Côte-Orientale du continent
africain appelé autrefois colonie d'Obock et maintenant
côte des Somalis, une partie de la population est musulmane et l'autre partie fétichiste. La loi musulmane continue à être appliquée aux uns, et leurs anciennes coutumes à être appliquées aux autres.

Nous arrivons à la grande île de Madagascar.

La justice est organisée à Madagascar, par le décret
du 9 avril 1896.

Voici quels sont les articles 16 et 17 de ce décret :

Article 16. — Les tribunaux indigènes institués par la législation locale sont maintenus, ils connaissent, conformément à la législation locale de toutes les affaires civiles.

Les indigènes peuvent se soustraire à la compétence des tribunaux indigènes en déclarant dans un acte qu'ils entendent contracter sous l'empire de la loi française.

Article 17. — Les tribunaux français connaissent des affaires civiles et commerciales entre Européens ou assimilés, et indigènes et entre indigènes, sauf les exceptions prévues à l'article 16 ci-dessus.

Ce décret a été complété par un arrêté du général Galliéni en date du 11 novembre 1896, qui organise les juridictions indigènes. En voici le texte :

Article 1er. — Il est créé au siège de chaque gouvernement un tribunal civil et commercial, composé du sous-gouverneur, ou gouverneur en temps que sous-gouverneur de la résidence où il se trouve. (1).

Ces tribunaux connaîtront en premier ressort de toutes les actions personnelles et mobilières jusqu'à une valeur de 500 piastres (2.500 francs) de principal et des actions immobilières jusqu'à 300 francs de revenu, déterminées soit par rentes, soit par prix de bail.

Article 2. — Où siège chaque gouvernement général, il est institué un tribunal civil du second degré, composé du résident ou commandant de cercle président, de deux assesseurs indigènes, dont l'un sera le gouverneur général et l'autre l'un de ses fonctionnaires indi-

----

(1). Le gouverneur et le sous-gouverneur dont il est question ici, sont des fonctionnaires indigènes,

gènes, d'un chancelier européen ou d'un officier faisant fonction de chancelier, ou d'un commis de résidence, ou d'un sous-officier faisant fonction de greffier.

Ces tribunaux jugeront en premier ressort les affaires non attribuées aux juges du premier degré et jugeront en appel les affaires attribuées aux juges du premier degré conformément à l'article 1er.

Le gouverneur général ne pourra pas connaître comme assesseur des affaires déjà jugées par lui au tribunal de premier degré en temps que sous-gouverneur de la circonscription de sa présidence. Il sera remplacé dans ce cas par le plus ancien des fonctionnaires du gouvernement général.

Article 3. — Les appels des tribunaux de chefs-lieux de gouvernement ou tribunaux du second degré seront portés devant la Cour d'appel de Tananarive, composée du président et de deux conseillers, assistés de deux assesseurs malgaches et de deux interprètes.

Article 4. — La ville de Tananarive et le district de Vorohaméry, la ville et le district de Fianorantzoa, considérés en temps que sous-gouvernements, sont l'objet des dispositions exceptionnelles suivantes :

Pour Tananarive et Vorohaméry, le personnel du tribunal du premier degré dont la composition et la compétence demeurent fixés par l'article 1er sera désigné par arrêté spécial du résident général en dehors du personnel des fonctionnaires indigènes déjà en service.

Le tribunal du second degré, dont les attributions et la compétence demeurent fixés par les articles 2 et 3 est composé ainsi qu'il suit :

Le président du tribunal de première instance président, deux juges indigènes assesseurs, un interprète indigène.

Pour le district de Fianorantzoa, la composition et les attributions des tribunaux du premier et du second degré demeurent fixés par les articles 1, 2, 3. Mais le personnel indigène sera désigné par arrêté spécial du résident général en dehors des autres fonctionnaires; rien n'est changé aux dispositions concernant les tribunaux du premier degré à établir dans les autres sous-gouvernements du gouvernement général ou résidence de Fianorantzoa.

On voit que cet arrêté fait souvent intervenir des Français dans l'administration de la justice indigène, on voit également que ceux qui sont chargés de rendre cette justice, tant indigènes que français sont le plus souvent des fonctionnaires d'ordre administratifs. On s'est posé deux questions au sujet de cet arrêté, 1° est-il légal? 2° les français chargés de rendre la justice indigène contituent-ils une juridiction française ou une juridiction indigène?

On s'est demandé d'abord si cet arrêté est légal, en effet le décret du 9 avril 1896, ayant dans son article 16, maintenu les juridictions indigènes, le général Galliéni ne le viole-t-il pas? en introduisant des français dans la composition de ces juridictions.

Selon nous il en serait ainsi si les Français chargés de rendre la justice aux indigènes constituaient une juridiction française, mais il n'en est plus de même s'ils forment une juridiction indigène, par conséquent la solution de la première question dépend de celle de la seconde.

A notre avis les juges français lorsqu'ils rendent la justice indigène constituent une juridiction indigène, et remarquons d'abord que les Français que l'arrêté charge de rendre la justice malgache sont la plupart du temps non pas des magistrats de l'ordre judiciaire mais des administrateurs.

Pour la ville de Tananarive et le district de Voroha-mery c'est le président du tribunal de première instance qui remplace le résident. Mais alors il semble qu'il soit distinct du tribunal et qu'il remplisse des fonctions tout à fait en dehors de la compétence de celui-ci. En un mot l'arrêté charge le président du tribunal français de présider le tribunal indigène, mais il ne charge nullement le tribunal français de rendre la justice indigène.

Il n'y a que l'article 3 qui charge la cour d'appel française de faire l'office de juridiction supérieure, mais, même alors il la compose d'une façon absolument spéciale.

Enfin même dans le cas ou l'arrêté chargerait purement et simplement les juridictions françaises de rendre la justice entre Malgaches, ces tribunaux n'en feraient pas moins l'office de juridictions indigènes.

En effet, nous avons vu qu'il en est souvent ainsi en Algérie où le juge de paix remplace souvent le cadi, où les tribunaux de première instance jouent le rôle de cours d'appel, où la cour d'Alger fait l'office de cour régulatrice de la jurisprudence musulmane.

Et en ce qui concerne la cour d'Alger, il est bien certain qu'elle est alors une juridiction indigène, puisque dans l'ordre des juridictions françaises, jamais une cour d'appel ne joue le rôle d'une cour régulatrice.

Du reste, ce qui caractérise les juridictions françaises c'est la possiblité du recours en cassation. Or, les décisions des tribunaux qui rendent la justice entre indigènes à Madagascar, ne peuvent jamais être déférés à cette cour, ce sont donc bien des juridictions indigènes et non pas des juridictions françaises.

Il s'ensuit donc bien que l'arrêté du général Galliéni ne fait qu'organiser les juridictions indigènes et par conséquent il respecte le décret du 9 juin 1796, il est donc légal.

Il faut noter une exception à la règle qui veut que les contestations entre indigènes soient jugées par les tribunaux indigènes, c'est le cas où il s'agit d'un immeuble immatriculé.

Un arrêté du 12 septembre 1896 introduit à Madagascar un régime foncier analogue à la loi tunisienne.

L'article 2 en est ainsi conçu :

Article 2. — Les dispositions du code civil français qui ne sont pas contraires ni à la présente loi ni au statut personnel, ni aux règles de succession des titulaires des droits réels immobiliers s'appliquent, à Madagascar, aux immeubles immatriculés et aux droits réels sur ces immeubles.

Les droits réels sur les immeubles immatriculés, sont régis par les lois spécialement édictées pour cette catégorie d'immeubles, et les litiges y relatifs ressortissent de la juridiction française.

Voici le texte des articles 18, 19, 20, 21 et 22 :

Article 18. — L'immatriculation a pour objet de placer l'immeuble qui y a été soumis sous le régime de la présente loi.

Article 19. — Tous les droits réels acquis sur l'immeuble au moment de l'immatriculation sont inscrits sur un titre de propriété qui forme leur point de départ unique à l'exclusion de tous droits antérieurs.

Article 20. — Les immeubles immatriculés ressortiront d'une façon définitive de la juridiction des tribunaux français. En cas de contestations sur les limites ou les servitudes d'immeubles contigus lorsque l'un sera immatriculé et que l'autre ne le sera pas la juridiction française sera seule compétente et il sera fait application de la présente loi.

Article 21. — Il a été institué à Tananarive une conservation de la propriété foncière pour Madagascar. Le conservateur de la propriété foncière est chargé :

Primo. De l'immatriculation des immeubles.

Secundo. De la constitution des titres de propriété.

Tertio. De la conservation des actes relatifs aux actes immatriculés :

Quarto. De l'inscription des droits et charges sur ces immeubles.

Article 22. — L'immatriculation est facultative. Peuvent seuls requérir l'immatriculation.

Primo. Le propriétaire, comme propriétaire.

Secundo. Le détenteur des droits réels énumérés ci-après. Usufruit, usage, habitation, emphythéose, superficie, antichrèse.

Tertio. Le créancier hypothécaire non payé à l'échéance, huit jours après une sommation infructueuse.

Quarto. Avec le consentement du propriétaire ou co-propriétaire les détenteurs des droits réels énumérés ci-après. Servitudes foncières, hypothèques.

Les frais de l'immatriculation sont, sauf convention contraire supportés par le réquérant.

En cas de saisie immobilière ou de licitation il est procédé, conformément au décret sur les ventes immobilières poursuivies devant les tribunaux français. Toutefois le co-propriétaire non réquérant ou un créancier hypothécaire, pourrait par voie d'opposition demander qu'il soit sursis à l'immatriculation, jusqu'à ce qu'ils aient fait procéder à la licitation ou au partage des immeubles indivis.

Dans ce dernier cas, l'article 2 sur les ventes immobilières, poursuivi devant les tribunaux français r'est pas applicable.

La procédure d'immatriculation est réglée par les articles 23 et 24 :

Article 23. — Tout réquérant à l'immatriculation remet au conservateur de la propriété foncière qui lui en donne un récépissé, une déclaration signée de lui ou d'un fondé de pouvoir, muni d'une procuration spéciale et contenant :

1° Les noms, prénoms, surnoms, qualité domicile civil.

2° Élection de domicile dans une localité du territoire de Madagascar.

3° Description de l'immeuble portant déclaration de sa valeur vénale et de sa valeur locative.

Indication de la situation, c'est-à-dire de la province, de la ville ou village, de la contenance, de la rue et du numéro si l'immeuble est situé dans une ville.

Du nom sous lequel il sera immatriculé.

De ses tenants et aboutissants ainsi que des constructions et des plantations qui peuvent s'y trouver.

4° Le détail des droits réels immobiliers existant sur l'immeuble avec les déclarations des ayant-droits.

Ces pièces établies en malgache et en français et cette déclaration est certifiée conforme par un des interprètes assermentés. Un règlement spécial fixera le tarif des traductions.

Dans le cas où le requérant ne peut ou ne sait signer le conservateur de la propriété foncière est autorisé à signer en son nom la réquisition d'immatriculation. Le requérant dépose en même temps que la déclaration en malgache et en français, certifié par l'interprète assermenté tous les titres de propriété, contrats, actes publics et privés et documents quelconques, avec leurs traductions également certifiées, comme il est dit ci-dessus, en français et en malgaches, de nature à faire connaître les droits réels existant sur l'immeuble.

En ce qui concerne les titres de propriété le dernier acte de chaque titre doit être traduit in-extenso. Pour les autres actes contenus dans le titre ou pour tout autre écrit produit; la traduction littérale peut-être remplacée par un relevé sommaire de tous les actes ou écrits établis conformément aux prescriptions d'un règlement à intervenir. Le tribunal mixte au cours de la procédure en immatriculation pourra toujours, soit d'office, soit sur la demande des parties ordonner la traduction in-extenso totale ou partielle des titres produits.

Les tiers détenteurs des titres et documents dont il est question ci-dessus sont tenus sous peine de dommages et intérêts de les déposer dans les huit jours qui suivent la sommation à eux faites par le requérant à l'immatriculation entre les mains du conservateur qui leur en délivre un récépissé sans frais.

Le conservateur remet les titres et documents au traducteur assermenté, désigné par le requérant à l'immatriculation.

Il est interdit à l'interprète de communiquer à qui que ce soit les documents et la traduction.

Les pièces qui accompagnent la traduction sont remises directement par l'interprète au conservateur qui en fait l'usage prévu par l'article 30 de la présente loi. Après décision du tribunal mixte, le conservateur remet au déposant en échange des récépissés dont il est parlé plus haut soit les titres, s'il ne doivent pas être conservés au dossier de l'immeuble, soit au cas contraire copie de l'inscription ou des documents classés au dossier.

Les frais des copies seront, le cas échéant, avancés par la personne qui les demandera, sauf son recours contre le requérant à l'immatriculation.

Article 24. — Le requérant déposera en même temps une somme égale au montant présumé des frais d'immatriculation, ainsi qu'ils seront déterminés par un règlement ultérieur.

Nous avons dit plus haut qu'une fois qu'un immeuble est immatriculé, toutes les contestations le concernant, sont de la compétence des tribunaux français. Mais quelle est la juridiction chargée de prononcer l'immatriculation. Ce sont les articles 33 et 34 de l'arrêté qui répondent à ces questions : Article 33. — Le dossier relatif à la demande en immatriculation ainsi que le plan établi par le service topographique seront transmis par le conservateur avec les oppositions formées entre ses mains au greffe du tribunal mixte d'après les distinctions suivantes :

Article 34. — Lorsqu'il n'y aura que des justiciables

du tribunal français en cause, le magistrat français désigné par le procureur général connaîtra de l'affaire. Lorsqu'il n'y aura que des malgaches en cause, le magistrat malgache nommé également par le procureur général connaîtra de l'affaire.

Et lorsqu'il y aura en cause, des justiciables du tribunal français et des malgaches, les deux magistrats siégeront en audience mixte sous la présidence obligatoire du magistrat français qui aura voix prépondérante.

Si les conflits surgissaient relativement à la compétence des juges, ces conflits seraient tranchés souverainement par une décision de la cour d'appel.

Les articles 38, 39, 40 et 41 se réfèrent également à la juridiction chargée de prononcer l'immatriculation :

Article 38. — Le tribunal mixte connaîtra en dernier ressort des demandes en immatriculation déterminées soit par rentes, soit par prix de bail.

Article 39. — L'appel d'une décision du magistrat français sera porté devant la cour, l'appel d'une décision du magistrat malgache sera porté devant un tribunal supérieur composé d'un président et de deux membres nommés par le gouvernement malgache.

L'appel d'une décision du tribunal réuni en audience mixte sera porté devant la cour.

Article 40. — Le délai pour interjeter appel sera de deux mois à compter de la notification à personne ou délection.

Article 41. — Les décisions en matière d'immatriculation ne sont pas susceptibles de recours en cassation.

On voit donc que le régime foncier de Madagascar ressemble assez à celui de la Tunisie. Il faut pourtant noter une différence. C'est qu'il n'y a pas de fond d'assurance et que la partie lésée par un dol a simplement un recours contre l'auteur du dol. En effet l'article 43 s'exprime ainsi : « Article 43. — Toute personne dont les droits auraient été lésés par suite d'une immatriculation ou d'une inscription n'aura jamais de recours sur l'immeuble mais seulement en cas de dol une action personnelle en dommages-intérêts contre l'auteur du dol ».

Cette disposition est regrettable d'abord parce qu'il peut simplement y avoir erreur et non dol ce qui laisse la partie sans aucune espèce de recours.

Ensuite parce que l'auteur du dol peut-être un insolvable. Le fond d'assurance était préférable.

L'esclavage existait dans l'île de Madagascar avant que la France n'en prit possession, depuis il a été aboli. On craignait que son abolition, ne soit une cause de troubles. Heureusement il n'en a rien été.

En effet la plupart des esclaves sont restés librement près de leurs anciens maîtres. Il faut dire que les esclaves étaient particulièrement bien traités à Madagascar. Presque toujours ils étaient logés et nourris par leurs maîtres qui les laissaient libres d'aller travailler chez qui ils voudraient moyennant salaire. Ils étaient seulement obligés de payer à leurs maîtres une certaine somme sur ce salaire.

Après leur émancipation ils ont continué à mener le même genre de vie.

Un arrêté, en date du 27 décembre 1896, réglemente le travail indigène.

D'après cet arrêté tout indigène de 16 à 60 ans doit justifier qu'il exerce une profession. Il doit-être muni d'une carte d'identité, d'une patente ou d'une carte individuelle selon les cas. D'après l'article 7 de l'arrêté, tous ceux qui ne se trouveront pas dans ces conditions seront considérés comme vagabonds et punis d'une peine de trois à six mois de prison à l'expiration de leur peine, ils doivent être inscrits d'office dans une catégorie de travailleurs et d'employés pendant un temps triple de leur peine dans les chantiers de l'État.

Voici comment le père Piollet, s'exprime au sujet des mariages chez les Hovas : « Le célibat est inconnu chez les Hovas et l'on se marie très jeune, les femmes à 12, 13, 14 ans, les hommes à 15, 16, 17 ans, douze ans étant l'âge requis pour les premières, et quinze ans pour les seconds.

Ces mariages exigent jusqu'à un certain point, le consentement des deux parties et toute mésalliance est considérée comme criminelle et prohibée. Ce serait là des garanties de moralité si elles n'étaient annihilées par de tristes habitudes.

La plupart du temps les parents décident sans les consulter les mariages de leurs enfants. Ils les fiancent très jeunes, parfois même à leur naissance.

Autrefois un homme pouvait prendre autant de femmes qu'il voulait.

Les nouvelles lois ont interdit plus d'une femme et réglementé les cas de divorce mais il y a tant de moyens de les éluder. Une seule femme, par exemple aura le titre d'épouse. Quant au divorce il est d'une telle facilité, surtout chez les grands qu'il n'y a aucune stabilité dans le mariage. Et d'abord il n'y a pas de fidélité, dans le mariage ni du côté du mari, ni de celui de la femme, bien plus le sentiment humain de la jalousie que l'on retrouve presque partout dans le cœur des hommes barbares, comme dans celui des hommes civilisés, existe à peine ou n'existe pas du tout à Madagascar.

Voici ce que le père Piollet dit plus loin sur l'organisation de la famille : « Chaque famille forme un petit état avec ses lois et ses coutumes propres transmises oralement. Le père ou à défaut du père son fils ainé ou tout autre choisi par lui ou désigné par l'usage est tout puissant.

C'est lui qui régit tout pendant sa vie, il a pleine liberté à sa mort de laisser ses biens à qui il veut et comme il veut. Il peut rejeter ses enfants et en adopter d'autres à la seule condition de notifier ses décisions au gouvernement.

Avant 1861, il pouvait même les vendre il peut encore les châtier ou les punir corporellement ou par la prison.

Cependant les affaires importantes, mariages, ventes des biens patrimoniaux relèvent de la famille réunie en conseil.

Pour terminer avec Madagascar disons que l'adoption y est très répandue. Elle a son origine dans la nécessité de continuer la famille, mais aujourd'hui l'institution a dévié au lieu d'adopter des enfants seulement quand on n'en a pas, on en adopte même quand on en a beaucoup. C'est un moyen de se créer des liens de parenté avec des gens puissants. Comme les fils adoptifs héritent, en adoptant des gens hauts placés ceux-ci ont intérêt à vous faire faire fortune.

L'adopté peut-être plus âgé que son père adoptif, on a même vu des jeunes gens adopter des vieillards.

11 c.

Passons maintenant à l'Inde française. Nous avons déjà dit qu'un indien pouvait renoncer à son statut personnel par une simple déclaration faite devant l'officier de l'état-civil.

Les Indiens qui ont profité de cette faculté s'appellent Indiens renonçants. Ils sont entièrement régis par les lois françaises et par toutes les lois françaises.

Les autres Indigènes appelés non renonçants continuent à être régis par leurs lois et coutumes. Il y a parmi eux des Musulmans, des sectateurs de l'ancienne religion indoue ou Brahmanistes et enfin des chrétiens.

Parmi les musulmans il y a des Schiites et des Sonnites. Les uns et les autres sont soumis au droit musulman, les différences entre les deux sectes existent surtout au point de vue religieux, mais la législation est à peu près la même. Les Bramahmanistes continuent à être régis par les lois de Manou qui forment peut-être le plus ancien de tous les recueils de lois. Comme le Coran, il traite à la fois des questions religieuses et des questions de législation.

Pour les chrétiens, ils sont régis par le droit canonique quant au mariage, qui est à peu près la seule question juridique dont traite la religion chrétienne. Quant aux autres questions, ils sont toujours régis par leurs anciennes lois, c'est-à-dire les lois de Manou.

La rédaction des lois de Manou remonte aux temps préhistoriques. Si bien que l'on se demande si Manou a jamais existé et si ce n'est pas simplement un nom qui signifie législateur et si, de même que pour l'*Iliade*, l'*Odyssée* et la chanson de Roland, ou pour prendre des exemples plus indiens, de même que pour le Ramayana et pour le Maharabhta, les lois de Manou ne sont pas des préceptes religieux et législatifs qui ont été réunis et coordonnés dans la suite.

La religion et la législation brahmanique reposent essentiellement sur la division de la population en castes et en classes. Les classes sont au nombre de quatre qui sont : les Brahmanes ou prêtres, les Kchatryas ou guerriers, les Vaysias ou commerçants et laboureurs, les Soudras ou serviteurs. Les castes sont des corporations héréditaires en nombre infini, plusieurs castes peuvent être de même rang et de même classe.

Les castes sont subdivisées en Gotras ou familles, il faut noter la ressemblance de ce mot gotras avec les mots grecs et latins γηνος et *gens*.

Les trois premières classes des Brahmanes, des Kchatryas et des Vaysias appartiennent à la race conquérante ou arienne, c'est-à-dire à la race qu'on a appelée indo-européenne c'est-à-dire à la nôtre.

La dernière classe des Soudras appartient à la race conquise. Les Kchatryas et les Vaysias, pour échapper à la domination des Brahmes, embrassèrent le Bouhdisme et un moment le Bouhdisme fut la religion dominante de l'Inde, mais plus tard les Brahmanes reprirent le dessus et anéantirent le boudhisme.

Suivant certains auteurs, les classes primitives des Kchahyas et des Vaysias furent exterminées lors du triomphe des Brahmanes et la société indoue étant composée dès lors, uniquement de prêtres et pour ainsi dire d'esclaves, il n'est pas étonnant que l'Inde soit devenue la proie de toutes les invasions.

L'organisation de la famille hindoue repose sur le culte des ancêtres et la nécessité que la famille ne périsse pas pour que le culte des ancêtres soit continué.

Aussi, l'autorité paternelle est très fortement constituée. A l'âge de 16 ans, le fils acquiert bien la capacité de contracter, mais cette capacité n'est pas une véritable majorité puisque le pouvoir du père n'est pas aboli.

Remarquons qu'il en était de même du *filius familias* romain devenu puber. Du reste, le culte des ancêtres a été pratiqué par les Ariens, ancêtres des Indous et des Romains au temps où toute la race arienne vivait réunie dans l'Asie centrale et ce sont des mêmes coutumes ariennes que découlent les anciennes lois romaines et les lois de Manou. Fustel de Coulanges fait remarquer que les lois de Manou, à côté des traces d'une législation primitive, contiennent des préceptes d'une époque moins éloignée et ces différents préceptes se contredisent quelquefois. C'est ainsi que dans un verset il est dit qu'à la mort du père, le fils aîné héritera seul et qu'au verset suivant il est dit que les fils se partageront l'héritage.

On interprète aujourd'hui cette contradiction en décidant que les fils ont le choix, ou ils peuvent se grouper autour de l'aîné et rester dans l'indivision et, dans ce cas, l'aîné exerce sur eux l'autorité du père ou bien ils peuvent se disperser et prendre chacun leur part d'héritage.

Quant aux femmes elles sont complétement exclues de l'héritage paternel. Cela se comprend car d'après d'anciennes traditions ariennes, la femme n'est pas apte à rendre aux ancêtres le culte qui leur est dû. Disons aussi que les femmes indoues sont comme les anciennes Romaines soumises au régime de la tutelle perpétuelle.

« Pendant son enfance, disent les lois de Manou une femme doit dépendre de son père, pendant sa jeunesse,

de son mari, après la mort de son mari, de ses fils, si
elle n'a pas de fils, des proches parents de son mari si
elle n'a pas de parents paternels du souverain, une
femme ne doit jamais se gouverner à sa guise. »

Les lois de Manou admettent l'adoption, voici ce que
M. Boisonnade dit à ce sujet : « Nous avons déjà rapporté à l'idée religieuse dominante chez les Indous au
culte des ancêtres la cause des diverses institutions
militaires de l'Inde anciennes et modernes.

C'est à la même cause qu'il faut attribuer l'immense
développement qu'a pris une des plus singulières institutions du droit de famille : *l'adoption.*

C'est à l'Inde ou aux anciennes institutions ariennes
que la Grèce et Rome ont emprunté cette paternité fictive mais en les simplifiant et en les ramenant
aux bases de la nécessité et de la raison. Celui qui
n'a pas pour faire les sacrifices après sa mort un
fils légitime se donnera un fils adoptif ou fils fictif.
Manou reconnaît onze sortes de fils adoptifs appelés à
remplir subsidiairement les uns à défaut des autres
l'office d'enfants légitimes.

Le premier est dit fils de l'épouse autorisée, c'est-à-
dire qui est procréé soit avec la veuve, soit avec l'épouse
autorisée du mari par le plus proche parent du mari
décédé ou infirme et incapable d'engendrer.

L'enfant ainsi engendré par le parent avec l'épouse
est dit né dans le champ du mari ou fils de deux pères,
il reçoit les biens du mari défunt après sa seizième
année.

Le troisième fils subsidiaire c'est-à-dire destiné à
tenir lieu de fils légitime est le fils premier né de la fille
légitime.

Dans ce cas il est nécessaire, mais il suffit que le père en mariant sa fille ait eu l'intention manifestée, ou restée secrète d'avoir par sa fille un descendant mâle qui lui fasse les sacrifices, on l'appelle le fils de la fille désignée, il succède à son aïeul maternel même quand il naît après la mort de celui-ci.

A défaut de cet enfant le mari de la fille désignée prend l'héritage du père. Après le fils de l'épouse autorisée le fils du frère et le fils de la fille désignée viennent les fils adoptifs proprement dits parmi lesquels on distingue le fils donné ou celui que les pères et mères accordent à une personne privée d'enfants. Et ensuite celui qui est adopté sans le concours de ses parents naturels parce qu'ils sont décédés.

Les effets principaux de l'adoption sont de donner au fils adoptif la vocation héréditaire de l'adoptant et de l'obliger pour lui même aux sacrifices en son honneur.

En sens inverse l'adopté ne peut plus succéder à son père naturel et il cesse de lui devoir les sacrifices, s'il est resté d'autres enfants mâles à celui-ci, ce qui sera le plus fréquent car l'adoption ne peut s'appliquer en général à un fils unique ni à l'aîné de plusieurs fils.

L'adopté succède à l'adoptant à moins qu'il ne survienne un fils légitime à celui-ci auquel l'adopté est réduit au quart des biens de l'adoptant. Quoique les femmes n'aient pas droit aux sacrifices, elles sont cependant admises à adopter du vivant de leur mari avec son consentement et en toute liberté après sa mort. »

On voit donc que si dans l'Inde on use de l'adoption on est loin d'en faire le même abus qu'à Madagascar car cette institution y est restée fidèle à son principe que

nul ne peut être adopté par deux familles à la fois ; et
que même l'adopté doit quitter complétement sa famille
naturelle.

La législation brahmanique reconnait huit modes de
mariages, voici quel est à ce sujet le texte de la loi de
Manou. « Maintenant connaissez succintement les huit
modes de mariage en usage aux quatre classes, les uns
bons les autres mauvais en ce monde et dans l'autre.

« Le mode de Brahma, celui des dieux, celui des saints,
celui des créateurs, celui des mauvais génies, celui des
musiciens célestes, celui des géants, enfin celui des
vampires.

« Je vais vous expliquer entièrement quel est le mode
légal pour chaque classe, quels sont les avantages ou
les désavantages de chaque mode et les bonnes et mau-
vaises qualités des enfants qui en naissent.

« Que l'on sache que les six premiers mariages dans
l'ordre énoncé sont permis à un Brahmane, les quatre
derniers à un Kchatrya, les mêmes à un Vaisya et à un
Soudras à l'exception du mode des géants. »

Des législateurs considèrent les quatre premiers seulement comme convenant à un Brahmane, n'assignent
aux Kchatryas que le mode des géants, aux Vaisyas et
aux Soudras que le mode des mauvais génies.

Mais ici (dans ce livre) parmi les cinq derniers
mariages trois sont reconnus légaux et deux illégaux.
Le mode des vampires et celui des mauvais génies ne
doivent jamais être mis en pratique.

Soit séparés, soit réunis, deux mariages précédemment énoncés, celui des musiciens célestes et celui des
géants sont permis aux Kchatryas.

Lorsqu'un père, après avoir donné à sa fille une robe

et des parures, l'accorde à un homme versé dans la Sainte Écriture et vertueux qu'il a choisi de lui-même et qu'il regarde avec honneur, ce mariage est celui de Brahma.

Le mode appelé divin par les Mounis est celui par lequel, la célébration d'un sacrifice étant commencée, le père après avoir paré sa fille, l'accorde au prêtre qui officie.

Lorsqu'un père accorde la main de sa fille après avoir reçu du prétendu une vache et un taureau ou deux couples semblables pour l'accomplissement de la cérémonie religieuse ou pour les donner à sa fille, mais non comme une gratification, ce mode est celui des saints.

Quand un père marie sa fille avec les honneurs convenables en disant : « Pratiquez tous deux les devoirs prescrits ». Ce mode est dit celui des créateurs.

Si le prétendu reçoit de son plein gré la main d'une fille en faisant de son plein gré aux parents et à la jeune fille des présents selon ses facilités, ce mariage est dit celui des mauvais génies.

L'union d'une jeune fille et d'un jeune homme résultant d'un vœu mutuel est dite mariage des musiciens célestes ; née du désir, elle a pour but les plaisirs de l'amour.

Quand on enlève par force de la maison paternelle une jeune fille qui crie au secours et qui pleure après avoir tué ou blessé ceux qui veulent s'opposer à cette violence et fait brèche au mur, ce mode est dit celui des géants.

Lorsqu'un amant s'introduit secrétement auprès d'une femme endormie ou énivrée par une liqueur spiritueuse, ou dont la raison est égarée, cet exécrable

mariage appelé mode des vampires est le huitième et
le plus vil.

Il est à propos que le don d'une fille en mariage, soit
précédé de libations d'eau pour la classe sacerdotale,
mais pour les autres classes la cérémonie a lieu suivant le désir de chacun.

Il est bien entendu que dans nos établissements français de l'Inde le mode des géants et celui des vampires
sont par trop contraires à l'ordre public pour pouvoir
être tolérés.

La polygamie n'est autorisée chez les Brahmanistes
que dans certains cas exceptionnels qui sont fondés
pour la plupart sur l'impossibilité d'avoir des enfants de
la première femme. La règle qui domine le mariage est
qu'il doit être contracté entre conjoints de la même classe,
ceci est surtout vrai pour le premier mariage. Voici les
textes des lois de Manou qui se rapportent à cette question : « Il est enjoint aux Dwidjas (1) de prendre une
femme de leur classe pour le premier mariage mais
lorsque le désir les porte à se ramarier les femmes
doivent être préférées dans l'ordre naturel des classes.

Un Soudra ne doit avoir pour femme qu'une Soudra,
un Vaisya peut prendre une épouse dans la classe servile ou dans la sienne. Un Kchatrya dans les mêmes et
dans la sienne propre. Un Brahmane dans ces trois
classes et dans la classe sacerdotale.

Il n'est rapporté dans aucune histoire qu'un Brahmane
ou un Kchatrya même en cas de détresse ait pris
pour femme une fille de la classe servile.

(1) On entend par Dwidjas les trois premières classes ou classes
Ariennes.

Les Dwidjas assez insensés pour épouser une femme de la dernière classe abaissent bientôt leur famille et leur lignée à la condition des Soudras

L'épouseur d'une Soudra s'il fait partie de la classe sacerdotale est dégradé sur le champ.

A la naissance du fils s'il appartient à la classe militaire lorsque ce fils a un enfant mâle, s'il appartient à la caste commerçante.

Le Brahmane qui n'épouse pas une femme de sa classe et qui introduit une Soudra dans son lit descend au séjour infernal et s'il a un fils il est dépouillé de son rang de Brahmane.

Lorsqu'un Brahmane se fait assister par une Soudra dans les offrandes aux dieux, les libations aux mânes et les devoirs de l'hospitalité, les dieux et les mânes ne mangent pas ce qui leur est offert et lui-même n'obtient pas le ciel pour récompense d'une telle hospitalité.

« Pour celui dont les lèvres sont polluées par celles d'une Soudra, qui est souillé par son haleine aucune expiation n'est déclarée par la loi. »

Dans l'Inde moderne le principe qui semble dominer est que chacun doit se marier non seulement dans sa classe, mais dans sa caste et comme d'autre part il y a un grand nombre d'empêchements aux mariages pour cause de parenté surtout dans la famille paternelle. On peut dire que la règle est celle-ci. Que chacun doit se marier dans sa caste et en dehors de son Gotra.

Les actes de l'état-civil ont été organisés dans l'Inde française.

Ainsi qu'en Algérie, les déclarations de mariage, constatent le mariage mais ne le constituent pas, de

même que les déclarations de décès ou de naissance ne
font que constater le décès ou la naissance.

Les Indiens renonçants qui sont entièrement régis
par la loi française, échappent naturellement au régime
des castes.

Parmi les non-renonçants tous le subissent mais les
Brahmanistes sont les seuls à lui donner une valeur
religieuse.

Les Chrétiens et les Musulmans ne l'admettent
qu'en fait.

Les Indiens non renonçants sont en principe justiciables de la juridiction française, mais les affaires
dites de castes qui comprennent une grande partie des
questions se rattachant aus tatut personnel, par exemple
les questions relatives aux validités et aux nullités de
mariage, sont déférées au tribunal de la caste qui juge
sauf homologation du juge de paix.

En Indo-Chine, il faut distinguer la Cochinchine,
colonie annexée qui faisait autrefois partie du royaume
d'Annam, le royaume d'Annam et du Tonkin, et le
royaume de Cambodge qui sont des pays de protectorat.

L'Annam et le Tonkin sont toujours soumis aux
anciennes coutumes annamites, tandis que pour la
Cochinchine il a été décidé que l'on ferait un code
franco-annamite, ou si l'on aime mieux que l'on ferait
un code civil à l'usage des indigènes, code qui en
suivant l'ordre du code français s'inspirerait des coutumes annamites.

Jusqu'à présent le livre premier a seul été rédigé.

Occupons nous d'abord du droit annamite pur, puis

nous verrons ensuite les modifications qui y ont été introduites pour la Cochinchine.

Quoiqu'il semble bien qu'il n'y a aucun lien de parenté entre la race annamite et la race arienne, on est étonné de constater, que toutes les institutions concernant l'organisation de la famille, reposent chez les annamites, comme elles reposaient chez les anciens ariens, et comme elles reposent encore chez les Indous, sur le culte des ancêtres et les mêmes causes ont souvent produit des effets analogues.

La loi ou plutôt la coutume annamite reconnaît deux sortes de femmes, les femmes de premier rang et les femmes de second rang. L'épouse de premier rang est la seule qui soit mariée, suivant les formes rituelles et solennelles. Les femmes de second rang, sont au contraire épousées par un simple échange de cadeaux. Voici ce que M. Luro, dit au sujet de ces femmes de second rang. « Plusieurs mères co-existent souvent dans une famille annamite, le mari peut en effet, ne pas avoir d'enfants mâles d'un premier mariage et puisqu'il doit s'efforcer de créer une postérité masculine pour continuer le culte des ancêtres et être honoré lui-même après sa mort, il peut à défaut de femme légitime en demander à une femme de second rang. Si cette femme ne lui donne pas d'enfants mâles, il peut prendre autant de femmes de second rang, qu'il sera nécessaire pour avoir un fils.

Un père de famille n'a jamais qu'une femme de premier rang, épouse véritable, mais le nombre des femmes de second rang, limité en théorie par la naissance d'un fils, ne l'est guère en pratique que par la fortune ou le caprice du chef de famille.

La polygamie est cependant assez rare. Un homme veuf d'une première femme épousée, selon les cérémonies rituelles, pourrait alors même qu'il aurait une femme de second rang, épouser une nouvelle femme qui remplacera la première comme véritable épouse. Les droits de la femme épousée en seconde noce par le mari veuf, sont les mêmes que ceux de la précédente femme légitime, parce qu'elle a été épousée selon les mêmes rites interdits aux femmes de second rang. Donc celles-ci sont de condition humble par rapport à la mère de famille. Elles doivent d'ailleurs être choisies, ou au moins agréées par la femme de premier rang ».

On voit donc que la pensée qui domine la coutume annamite est la même que celle qui domine la législation indoue.

Il faut avoir une postérité mâle, cette postérité est nécessaire pour que le culte soit continué.

Le divorce est admis par la coutume annamite même le divorce par consentement mutuel.

Voyons, maintenant quelle est la constitution de la famille et en particulier quels sont les droits du père : « Dans l'état actuel de la législation et des mœurs, dit M. Luro, le père est le chef de famille, quand ses enfants sont en âge de se marier il les établit. Par leur mariage, les filles sortent de la famille et leur postérité n'en fait plus partie pour tout ce qui est relatif au culte des ancêtres. Les fils au contraire, continuent à compter dans la famille, malgré leur mariage, mais ils deviennent à leur tour chefs de leurs descendants à condition de quitter le toit paternel.

Dans la plupart des cas, les enfants sont mariés sans

qu'il leur soit donné la moindre partie de leur patrimoine. Quelquefois cependant, le père accorde une dot à ses filles et distribue une partie de ses biens patrimoniaux à ses fils. Mais ces avancements d'hoirie ne l'empêchent pas de reprendre ses biens et d'en disposer puisque le descendant ne peut porter plainte ni ester en justice contre ses ascendants.

Si l'un des chefs secondaires de la famille vient à mourir les petits-enfants et leur mère rentrent sous la puissance de leur ascendants.

Tels sont la loi et la jurisprudence en ce qui concerne les cadets quand aux aînés, ils ne peuvent quitter le toit paternel sans le consentemant du chef de famille, ils restent ainsi que leurs femmes et leurs enfents sous la puissance de leurs pères. Mais les biens des femmes sont administrés par les maris. Pour bien apprécier la dévolution de l'hérédité dans l'ensemble de la famille annamite, Il ne faut pas seulement considérer le père comme le chef immédiat de ceux de ses descendants qui demeurent sous son toit et comme le chef secondaire de tous ceux, qui, issus de lui, ont quitté la maison paternelle et formé un établissement séparé, il fautencore se représenter les membres des diverses branches mâles de la famille tels qu'ils se comportent à trois ou quatre générations de l'auteur commun. Chacune de ces familles a pour chef immédiat le père ou le grand-père et pour chef général l'ascendant commun. A défaut d'un ascendant commun à toutes les branches le chef de la parenté est le plus âgé des fils issus de cet ascendant, à défaut de fils, c'est le plus âgé des petits-fils.

Pour nous résumer, nous dirons donc qu'à défaut d'ascendants, le chef de la parenté est le membre le plus âgé de la génération la plus rapprochée de l'ancêtre commun, aux diverses branches de la famille.

Dans la pratique les diverses branches de la famille ne connaissent guère leur parenté, au-delà de la quatrième ou de la cinquième génération.

Le chef de la famille est le chef naturel de toutes les contestations, qui s'élèvent entre ses descendants. Par analogie à défaut d'un ancêtre commun, reconnu dans une famille composée de plusieurs branches, le chef de la parenté est le juge, le conciliateur légal de toutes les contestations, entre parents des diverses branches et il tient en outre la place du père ou du grand-père de chaque famille partielle, quand elle est privée de son chef. Il surveille en cette qualité les partages des patrimoines, les intérêts des mineurs et il désigne au besoin des tuteurs à ces derniers.

Enfin il veille à l'accomplissement des cérémonies du culte, des ancêtres par l'intermédiaire de l'aîné des mâles de la branche aînée. Nous avons vu précédemment que bien que les droits et les devoirs du culte, des ancêtres de la famille, se transmettent de mâle en mâle par ordre de primogéniture, il arrivait souvent que le chef de la parenté n'était pas l'aîné. Si le chef de la branche aînée est mineur, le chef de la parenté jusqu'à la majorité du jeune homme, rend les hommages aux ancêtres qui sont ses propres ascendants.

La mère est comme les enfants, soumise à la puissance du chef de la famille. Autrefois l'autorité du mari sur la femme était absolue, la prohibition de la vendre ou de la louer à autrui, contenue dans le code annamite actuel, est la preuve du droit absolu du mari sur la femme dans les temps anciens.

A la mort du père de famille, le code chinois semble placer la mère sous l'autorité de son fils aîné. En Annam la coutume en décide autrement.

La mère devenue veuve n'est plus soumise à la puissance de personne, parce qu'en se mariant elle est sortie de sa famille et que la mort de son mari, lui a rendu une liberté absolue.

Il faut cependant faire exception pour le cas, où le mari n'est pas chef de ses ascendants, parce qu'habitant la maison paternelle et n'ayant pas d'établissement séparé, il se trouve sous la puissance d'un père ou d'un grand'père, dans ce cas la veuve, ainsi que ces descendants reste sous la puissance de cet ascendant. Sa vie durant le mari est maître absolu de ses propres biens et même en fait, sinon en droit de ceux de sa femme, car il pourrait en disposer malgré elle, la loi défendant à la femme de porter plainte contre son mari.

La coutume a cependant provoqué un tempéramment à cette règle. Le mari n'a plus que l'administration et la jouissance des biens de sa femme, il ne peut en disposer sans son consentement ou n'oserait les acheter malgré elle car bien que la loi lui interdise de porter plainte contre son mari ses parents sont toujours là pour réclamer les biens vendus appartenant à leur famille.

Les enfants doivent le même respect à leur mère qu'à leur père. Tout manquement à la piété filiale est sévèrement puni sur la plainte du père lorsqu'il est vivant ou sur celle de la mère devenue veuve et cela sans préjudice des châtiments que le père et la mère peuvent infliger ».

Comme dans les Indes, la nécessité de rendre un culte aux ancêtres et de laisser après soi un fils pour rendre ce culte, a donné naissance à la coutume d'en adopter si l'on n'en a pas.

Toujours comme dans l'Inde l'adopté sort de sa propre famille pour entrer dans la famille de l'adoptant. Quand nous disons qu'il quitte sa propre famille nous employons là une expression incorrecte, il serait plus juste de dire qu'il quitte ses propres parents, car le fils adoptif doit être choisi dans la branche de la famille la plus proche ayant un fils capable d'être adopté. Le fils adoptif doit toujours être pris parmi les cadets. Un fils aîné ne pouvant jamais être donné en adoption.

A côté de cette adoption qui ressemble à celle du droit hindou et qui a, comme on le voit, quelques analogies avec le droit romain il y a une autre adoption qui ressemble davantage à la nôtre. Elle a lieu par charité, pour donner un compagnon à l'enfant de la maison, ce qui est dire que ceux qui ont déjà des enfants peuvent y recourir, dans ce cas l'adopté ne prend pas le nom de l'adoptant et il n'est pas apte à rendre le culte des ancêtres, il a cependant une part de l'héritage.

Pour les biens il faut distinguer les biens ordinaires et ceux qui sont affectés au culte des ancêtres. Les derniers sont absolument inaliénables, le père ne peut en disposer par testament, ils sont de droit à l'aîné.

Pour les autres, le père a une liberté de tester encore absolue. Ils sont partagés entre les enfants, les filles sont admises aujourd'hui, au partage, dont elles étaient exclues autrefois.

Voici maintenant quelles sont les modifications que le code franco-annamite, promulgué pour les indigènes de la Cochinchine a fait subir au droit annamite pur.

Le titre préliminaire ainsi que les titres 1, 2 et 3 de

notre code civil ont été promulgués sans modification appréciable.

Le titre IV se montre d'une grande sévérité pour les absents, il fait notamment de l'absence une cause de dissolution du mariage.

Le titre V concernant le mariage ne reproduit plus du tout le code civil. Le paragraphe 1er dit d'abord pour la validité du mariage, qu'il est nécessaire qu'il soit célébré conformément aux usages locaux. Les indigènes sont admis à se marier devant l'officier de l'état-civil français.

Le dernier alinéa du paragraphe 1er qui leur donne cette autorisation est ainsi conçue : « Quand les parties sans renoncer à leur statut personnel veulent se marier devant l'officier de l'état-civil du domicile de l'une d'elles la célébration a lieu publiquement au bureau de l'état-civil ».

Le code fixe la puberté à seize ans pour l'homme et à quatorze ans pour la femme. Le consentement des conjoints est exigé pour la validité du mariage. L'alinéa qui l'exige est ainsi conçu : « Il est nécessaire pour la validité du mariage que les parties contractantes aient librement consenti à se prendre pour mari et femme ». Et l'alinéa suivant ajoute. : « Sous aucun prétexte les parents ne pourront imposer un mariage à une personne dépendant d'eux ». Toutefois les alinéas suivants déclarent que pour qu'un mariage soit valable il faut que les ascendants consentent, s'il n'y a pas d'ascendants ils obligent à prendre le conseil des collatéraux.

La veuve doit demander le consentement de la famille de son mari. Ce n'est qu'à défaut de celle-ci qu'elle s'adresse à sa propre famille.

Le code franco-annamite reproduit la distinction du droit annamite pur entre les mariages de premier rang et les mariages de second rang, mais il place les premiers fort au-dessus des seconds. Voici quels sont les alinéas qui traitent de cette question : « Il est interdit de contracter un second mariage de premier rang tant que le premier mariage subsiste ».

L'officier de l'état-civil qui aurait connaissance d'un premier mariage devra se refuser à recevoir la déclaration d'une seconde union tant qu'on ne lui fournira pas la preuve de la dissolution de la première.

L'union de premier rang contractée au mépris de cette prohibition est radicalement nulle. La nullité peut être proposée par chacun des deux époux, par l'épouse dont le conjoint a contracté cette seconde union, par tous les parents ascendants et collatéraux concurremment par toute personne en général ayant un intérêt actuel à faire prononcer la nullité et par le ministère public.

Des unions de second rang peuvent être contractées malgré l'existence d'un mariage de premier rang. Une union de second rang ne peut être contractée si une union de premier rang n'a pas encore été contractée ».

Plus loin le code décide que la femme de premier rang a le droit et le devoir d'habiter au domicile conjugal, tandis que la femme de second rang doit résider à l'endroit que lui fixe son mari. Le code autorise les deux conjoints à demander le divorce pour excès et sévices graves et en cas de condamnation des époux à une peine infamante, et en cas d'absence déclarée.

Le mari peut en outre demander le divorce contre sa femme pour adultère de celle-ci, pour refus d'habiter le domicile conjugal ou pour excès et sévices graves contre ses pères et mères et ascendants.

Le divorce par consentement mutuel est admis, mais il faut alors que le mariage ait duré plus de deux ans et moins de vingt, que le mari ait plus de vingt-cinq ans et la femme plus de vingt-et-un et moins que quarante-cinq.

Il faut en outre que les époux aient le consentement des parents qui devraient être consultés au sujet du mariage.

A côté du divorce, le code-franco annamite admet la séparation de corps.

Le titre VII sur la paternité de la filiation ne semble par différer énormément du code français.

Le titre VIII distingue les deux sortes d'adoption que nous avons déjà vues dans le droit annamite pur, il appelle la première l'institution d'une personne pour continuer la postérité, et la deuxième l'adoption officieuse.

Le code franco-annamite ne fait en ce qui concerne l'adoption que consacrer les principes que nous avons déjà vus en droit annamite pur.

Les titres IX, X et XI restreignent la puissance paternelle : Le droit de correction, dit le titre IX, ne peut s'exercer que dans les limites indispensables pour le maintien de l'autorité paternelle.

Les parents qui s'abandonnent à des voies de fait sur leurs enfants peuvent être déférés aux tribunaux par le Procureur de la République. »

Le père n'est autorisé à faire détenir son fils dans une maison de correction que dans les mêmes formes qu'un père français.

Après la mort du père, la puissance paternelle passe
à la femme du premier rang, même en ce qui concerne
les enfants des femmes du second rang, il en est de
même de la tutelle quant aux biens.

Le mariage, émancipe les enfants, à vingt-et-un ans
ils sont majeurs, par conséquent le fils aîné n'est plus
obligé de rester à la maison paternelle.

Le code dit que le majeur est capable de tous les actes
de la vie civile, sauf les restrictions prévues par les
lois.

Nous avons déjà vu plus haut à propos de ces restrictions que vis-à-vis des ascendants il n'y a pas de majorité matrimoniale.

Au Cambodge, pays de protectorat, les indigènes sont
toujours régis par leurs anciennes coutumes. Le culte
des ancêtres existe chez les Cambodgiens comme chez
les Annamites, mais il semble qu'il n'y a pas une égale
importance, il semble également qu'il n'y a pas une aussi
grande influence sur la législation civile. Il n'y a pas au
Cambodge d'âge fixe pour la majorité. La fille, dit
M. Leclerc, échappe à l'autorité du père de famille en
passant sous celle de son mari. Le fils devient libre
quand il prend femme ou quand, inscrit sur les registres
de l'impôt il quitte la maison paternelle ou se choisit un
patron ».

La polygamie est permise au Cambodge, il y a une
femme de premier rang, il peut y en avoir aussi de
second et même de troisième rang, il semble même que
la loi n'autorise que trois femmes, une de premier rang,
une de second rang, une de troisième rang.

Il faut d'ailleurs ajouter que les autres mariages ne

peuvent être conclus sans le consentement de la femme de premier rang.

De même qu'il y a trois sortes de femmes, il y a trois manières de conclure les mariages : « Le grand mariage dit M. Leclerc est celui qui a pour but d'unir à un homme libre la fille qui doit tenir chez lui la place de femme de premier rang ou qui sera son épouse unique. Ces cérémonies d'usage sont indispensables car les juges en tiennent un très grand compte quand ils jugent une femme adultère et son complice ou quand ils procèdent à un partage entre enfants nés de lits différents.

Ces cérémonies sont. La demande en mariage, la consultation de la fille, la réponse des parents les petits présents, l'offre du bétel et de la noix d'aurèc, le repas de famille, la séparation des époux, la demande du fiancé, l'offre de la fleur d'Arespia, l'offre de la nourriture par le fiancé, le petit repas et la visite de remerciement aux parents qui ont assisté au mariage. De toutes ces cérémonies les seules que la loi exige sont. Le consentement du père, celui de la fille, le don du bétel et de la noix d'aurèc, le repas de famille. En d'autres termes elle exige que tous les contractants (père, mère, fils, filles) consentent au mariage, que le mariage soit conclu par la cérémonie d'usage devant un grand nombre de témoins. Les autres cérémonies sont secondaires et destinées à augmenter la solennité et à en fixer le souvenir dans la mémoire des assistants ».

Ces cérémonies ne sont pas nécessaires pour les mariages de second et de troisième rang, mais il paraît qu'aujourd'hui l'usage s'introduit de plus en plus de les célébrer comme s'il s'agissait de mariages de premier rang : « Ces cérémonies, dit M. Leclerc, sont réputées aux yeux des juges aussi indispensables que les cérémonies civiles en usage chez nous le sont à nos yeux.

Cependant alors qu'un mariage ne peut-être conclu en France sans l'intervention de l'autorité municipale un mariage au Cambodge se conclut dans la famille sans l'intervention des magistrats.

Ceux-ci n'interviennent que si un différend s'élève entre ceux qui veulent conclure, qui concluent, ou qui ont conclu un mariage et s'ils en sont requis.

Ils appellent alors les parties puis les témoins, s'informent si les cérémonies d'usage ont été suivies, ne poursuivent pas ceux qui ne les ont pas observées, mai-avant de juger le différend qui leur est soumis examis minent avec soin si le mariage a été conclu, s'il est valable, quelle sorte de mariage à eu lieu, puis il prononce entre les parties.

La loi fixe l'âge minimum que doivent avoir les deux époux avant la célébration du mariage, quinze ans pour les filles et dix-huit ans pour les garçons. Les fiançailles peuvent avoir lieu plus tôt, mais la coutume est de ne pas les célébrer avant la treizième année pour les filles et la seizième pour les garçons ».

D'après ce que l'on a pu remarquer plus haut, à propos des cérémonies du mariage le consentement des parents de la fille est requis ainsi que celui de la fille elle-même, il semble au contraire que le fils puisse se marier sans le consentement de ses parents. Le divorce existe au Cambodge au profit de la femme comme au profit du mari, le divorce par consentement mutuel existe également.

Notons que les coutumes Cambodgiennes admettent l'adoption.

Et enfin pour terminer disons que l'esclavage existait autrefois au Cambodge et qu'il était même assez répandu, mais grâce à l'influence française il a été complétement aboli.

En Nouvelle-Calédonie, les Canaques sont enfermés dans des réserves où, comme nous l'avons déjà dit, leur nombre diminue tous les jours.

Ils ont conservé leurs anciennes coutumes. Étant donné que leur nombre tend à disparaître ces coutumes n'ont pas grande importance.

Disons seulement que parmi eux, il y en a qui se sont convertis au christianisme, tandis que d'autres sont toujours païens.

La polygamie est défendue aux premiers, elle est permise aux seconds, mais elle n'est guère pratiquée que par les grands chefs.

A la Nouvelle-Calédonie, il faut rattacher l'ile des pins et les iles Loyalty, la population de ces dernières iles ne diminue pas comme celle des iles de la Nouvelle-Calédonie, elle a conservé ses anciennes coutumes.

Les habitants de l'ancien royaume de Taïti ont été convertis au christianisme par les missionnaires protestants, c'est-à-dire qu'ils sont monogames, mais cette monogamie existe plutôt en droit qu'en fait, car les mœurs y sont très relàchées.

Quant aux iles Marquises, la famille n'existe pour ainsi dire pas et d'abord les indigènes n'y connaissent pas le mariage ni même l'union durable entre l'homme et la femme.

Les habitants de Taïti ont conservé certaines de leurs
coutumes, les juridictions indigènes continuent à y être
compétentes en ce qui concerne la délimitation des propriétés. Elles disparaîtront quand ces opérations seront
terminées.

Les indigènes des autres îles que nous appelons établissements français de l'Océanie ont conservé la plus
grande partie de leurs coutumes.

Nous en avons donc terminé avec la condition juridique des indigènes des pays soumis à la France au
point de vue de la loi civile. On a pu remarquer que le
droit le plus répandu dans nos possessions est le droit
musulman.

Il règne en effet en Algérie et en Tunisie, c'est également lui, qui régit chez les indigènes du Sénégal, les
questions qui ne sont pas soumises à la loi française.
Les indigènes des Rivières du sud et une grande partie
de ceux du Soudan, y sont également soumis.

Nous le retrouvons sur la côte des Somalis et dans
l'Inde, où il régit une partie des Indiens non renonçants.
Il a été commenté par de savants *jurisconsultes* et a
une grande valeur scientifique.

Le droit brahamanique au contraire est très peu répandu, puisque les établissements français de l'Inde, ne
sont que très peu de chose et qu'une partie des indigènes
est ainsi que nous venons de le dire, soumise au droit
musulman. Mais cela n'empêche pas que ce droit a une
très grande valeur, surtout par son antiquité, puisqu'ainsi
que nous l'avons déjà dit, le recueil des lois de Manou
est peut-être le plus ancien des recueils de lois du
monde.

Le droit annamite ne repose pas sur un texte sacré comme les lois de Manou et le Coran, mais il repose néanmoins sur une croyance religieuse, du moins en ce qui concerne le statut personnel et les successions, puisque toutes ces matières découlent du culte des ancêtres. Il est du plus haut intérêt pour les *jurisconsultes*.

On ne peut pas en dire autant des autres lois, qui régissent les indigènes de nos colonies.

Ce sont du reste en général des coutumes de peuples plus ou moins sauvages. C'est à peine si l'on peut faire exception pour les lois de la grande île de Madagascar.

CHAPITRE II

Nous avons déjà vu, qu'au point de vue de la loi civile il n'y avait pas identité entre la loi appliquée et la juridiction qui l'applique. En effet, si les tribunaux indigènes n'appliquent que la loi indigène, sans avoir le droit de se mêler en rien de ce qui concerne la loi française.

Il n'en est pas de même des tribunaux français, qui s'ils appliquent seuls la loi française appliquent aussi souvent la loi ou les coutumes indigènes.

Il n'en est pas de même au point de vue de la loi pénale.

Là il y a une similitude complète entre la loi appliquée et la juridiction qui applique cette loi.

D'une part en effet, la juridiction indigène ne peut naturellement se mêler en rien de ce qui concerne la loi française, elle ne peut donc appliquer que la loi indigène et d'autre part la juridiction française ne peut appliquer d'autre loi que la loi française.

Si en ce qui concerne la loi civile, les indigènes ont

conservé la plus grande partie de leurs lois ou coutumes, en ce qui concerne la loi pénale, c'est au contraire la loi française qui leur est en général applicable.

Ceci est vrai des colonies. Dans les pays de protectorat, les indigènes continuent à être soumis à leurs anciennes lois pour les crimes et délits commis entre eux, c'est-à-dire pour les crimes et délits où il n'y a pas de complices européens et où la victime où les victimes sont également indigènes.

Lorsqu'il y a des Français ou des Européens soit parmi les victimes soit parmi les complices, c'est la juridiction française qui est compétente et la loi française qui est applicable.

Il y a des colonies où l'on suit la même règle que dans les pays de protectorat mais c'est là un régime provisoire.

Notons que la loi française peut créer certains délits spéciaux pour les indigènes qui sont réprimés par la juridiction française, mais ce n'est pas là une loi indigène car les lois qui répriment ces délits font partie des lois françaises.

Notons que dans certaines colonies et notamment en Algérie, les indigènes en dehors des crimes et délits qu'ils peuvent commettre, peuvent être soumis à un régime disciplinaire spécial et les infractions aux règles qui leur sont imposées par ce régime peuvent être réprimées soit par des magistrats, soit par des gens de l'administration.

C'est ainsi qu'en Algérie par exemple, dans les communes de plein exercice les infractions au régime appelé régime spécial de l'indigénat, sont réprimées par les juges de paix et dans les communes mixtes par les administrateurs,

Nous avons déjà eu l'occasion de dire que l'Algérie est divisée en territoire civil et en territoire militaire, cette division produit des effets non seulement au point de vue administratif mais aussi au point de vue judiciaire. Dans l'un comme dans l'autre de ces territoires c'est le droit pénal français qui est applicable aux indigènes même pour les crimes et délits commis entre eux.

Par conséquent dans l'un et dans l'autre ce sont les juridictions françaises qui sont compétentes.

Mais tandis que dans le territoire civil ces juridictions sont représentées par les cours d'assises, des tribunaux correctionnels et des juges de paix, dans le territoire militaire elles le sont par les conseils de guerre et les commissions disciplinaires.

Nous venons de dire que le code pénal français était applicable aux indigènes, il faut cependant faire exception pour certaines infractions pour lesquelles le code pénal ne fait qu'apporter une sanction au code civil.

Tel est le cas de la polygamie, qui pour les français est un crime et qui est licite pour les indigènes algériens. En est-il de même pour l'adultère? Pour celui de la femme la question n'est pas douteuse; la femme, indigène qui a commis un adultère est parfaitement passible des peines édictées par le code pénal français, il en est de même de son complice. Mais que faut-il décider s'il s'agit de l'adultère du mari? Pour le cas, bien entendu où il aurait entretenu sa concubine au domicile conjugal.

Certains prétendent qu'il n'est pas punissable parceque la loi musulmane lui permet d'avoir des concubines. Mais ils ne réfléchissent pas que ces concubines doivent être des esclaves ou des affranchies.

Or comme l'esclavage est aboli en Algérie nous en concluons donc que l'indigène algérien qui outre ses quatre femmes légitimes entretiendrait une concubine au domicile conjugal serait passible des peines portées par la loi française. Nous avons vu à propos des lois civiles que la convention de mariage peut précéder la puberté et que la consommation du mariage doit la suivre. Or il arrive quelquefois que les maris indigènes consomment le mariage avant que la femme ne soit pubère.

La jurisprudence française décide que dans ce cas le fait constitue un attentat à la pudeur si la femme n'a pas résisté et si elle a moins de treize ans, c'est-à-dire qu'il y a là un crime punissable si les circonstances atténuantes ne sont pas accordées, de la réclusion. Si la femme a résisté il y a viol, c'est-à-dire que le crime est punissable, toujours s'il n'y a pas de circonstances atténuantes, des travaux forcés à temps : « Les cours d'assises et les conseils de guerre dit M. Eyssautier ont frappé les coupables, malheureusement le jury, indulgent aux mœurs indigènes acquitte souvent quand les désordres constatés par le médecin ne proviennent pas de l'emploi d'un instrument étranger pour frayer le passage ».

Il faut dire du reste que l'indulgence du jury vient de ce que le crime reproché à l'indigène algérien est beaucoup moins grave que le crime analogue que l'on juge malheureusement si souvent à la cour d'assises de la Seine.

En effet ce qui en France fait la gravité du crime, c'est l'attentat commis contre l'honneur de la victime et celui de sa famille.

Aussi M. Eyssautier propose-t-il de le correctionaliser.

L'article 6 de son projet sur le mariage des indigènes est ainsi conçu : « Par dérogation aux articles 331, 332, 333 du code pénal, tout attentat à la pudeur commis ou tenté par un indigène non naturalisé sur une enfant indigène non naturalisée, sera puni de la peine de un à cinq ans de prison. »

Ce projet soustrait donc cette infraction à la juridiction du jury.

Mais il y a une question plus grave qui se pose, c'est celle de savoir s'il ne conviendrait pas de retirer à la juridiction du jury tous les crimes commis par les indigènes en territoire civil.

Voici en effet comment M. le Sénateur Isaac s'exprime à ce sujet dans son rapport sur la réforme judiciaire en Algérie : « L'institution du jury, dit-il est une protection pour les colons qui sont jugés par leurs pairs, mais comme les indigènes en sont exclus, ils ne sont pas ainsi jugés par leurs pairs. S'il est une autre considération morale qui justifie l'introduction des jurys dans les affaires criminelles, c'est que les jurés qui appartiennent à la même société que l'accusé, qui ont les traditions nationales, les mêmes origines et s'il faut le dire, les mêmes préjugés sont aptes à apprécier non seulement le préjudice général causé par le crime, mais aussi les circonstances qui ont pu expliquer cet acte, en atténuer ou en accentuer la culpabilité. »

Il est certain que toutes ces raisons n'existent pas pour déférer les indigènes algériens à un jury composé uniquement de colons.

En effet la population française est seule appelée à

constituer le jury en Algérie, cette population française,
ne représente pas comme en France, l'immense majorité des habitants mais bien une minorité. La charge de
juré est donc plus lourde en Algérie qu'en France. Notons d'ailleurs que parmi les Français d'Algérie, il y a
un grand nombre de fonctionnaires, et que ces fonctionnaires sont dispensés des fonctions de jurés. Et en
outre les centres de cours d'assises sont beaucoup plus
éloignés des différents points du territoire en Algérie
qu'en France, puisque l'Algérie est d'une superficie à
peu près égale à celle de la France et qu'elle ne possède
que quatre cours d'assises au lieu de quatre-vingt-six,
c'est pourquoi M. Letellier, qui était alors député de
l'Algérie, proposa un projet de loi, qui enlevait les indigènes à la juridiction du jury.

Ce projet décidait que les crimes commis par eux en
territoire civil, seraient déférés aux cours d'assises jugeant sans jury, lorsqu'ils entraîneraient la peine de
mort et aux tribunaux correctionnels quand ils n'entraîneraient pas cette peine. Ce projet a été modifié par la
commission chargée de l'examiner. Cette commission a
chargé M. Flandin de faire le rapport. Le nouveau projet enlève bien aux jurys le soin de juger les indigènes
accusés de crimes, mais au lieu de les déférer à des
cours ou à des tribunaux composés uniquement de magistrats, il les défère à des tribunaux composés de
magistrats et d'assesseurs. Comme le système de l'as-
séssorat est celui qui fonctionne en Tunisie, nous ren-
voyons l'étude de ces juridictions, au moment où nous
les étudierons dans ce dernier pays, et nous verrons
alors s'il y a lieu d'introduire ce système en Algérie. Ce
projet a été voté par la dernière Chambre avant de se

séparer. Mais à l'heure où nous écrivons, il ne l'a pas encore été par le Sénat.

En territoire militaire, les indigènes sont justiciables des conseils de guerre et des commissions disciplinaires.

Dans les premiers temps qui suivirent la conquête, le fonctionnement des conseils de guerre était très difficile étant donné surtout le mauvais vouloir des indigènes à déposer comme témoins, ou pour parler plus exactement leur propension à déposer comme faux témoins.

C'est pourquoi jusqu'en 1858, époque à laquelle fut créé le ministère d'Algérie et des colonies les chefs militaires prononçaient d'office les peines d'internement ou de prison. Cette manière de faire était nécessaire à cette époque. En 1858, le prince Jérôme Napoléon fut nommé au ministère de l'Algérie et des Colonies, qui comme nous l'avons dit, venait d'être créé : « Le prince Napoléon, dit le commandant Rim, à peine à la tête de son ministère, prenait une décision prescrivant aux généraux de ne plus prononcer administrativement des condamnations contre les arabes présumés coupables de crimes ou de délits, mais de les renvoyer devant les conseils de guerre, mais renseigné bientôt sur les impossibilités matérielles contre lesquelles se heurtait cette décision, il tâcha de trouver un expédient pour suppléer à l'insuffisance des conseils de guerre. »

Cet expédient fut la création des commissions disciplinaires. Voici le texte de l'arrêté qui les institue :

« Article 1er. — Une commission disciplinaire est instituée à Alger auprès du commandant supérieur et dans chaque chef-lieu de division et de subdivision.

Article 2. — Les commissions disciplinaires sont composées :

A Alger. Du commandant supérieur président, du chef de parquet de la cour d'appel, du commandant de l'artillerie et du commandant du génie.

Dans les chefs-lieux de division. Du commandant de la division, président, du chef de parquet du tribunal, du commandant d'artillerie et du commandant du génie.

Dans les chefs-lieux de subdivision du commandant de subdivision président, du chef de parquet du tribunal ou du juge de paix, du premier fonctionnaire de l'intendance militaire de la subdivision et d'un officier supérieur de la garnison désigné par le commandant de la subdivision.

Article 3. — L'officier chargé des affaires arabes ou l'un de ses adjoints instruit l'affaire et fait le rapport.

Un officier désigné par le président remplit les fonctions de greffier et rédige le procès-verbal. Un interprète est désigné pour être attaché à chaque commission disciplinaire.

Article 4. — Les commissions disciplinaires connaissent des actes d'hostilité, des crimes et délits commis par des indigènes et qu'il est impossible de déférer aux tribunaux civils et aux conseils de guerre.

Article 5. — La commission disciplinaire siégeant à Alger propose au ministre l'éloignement de l'Algérie des indigènes considérés comme dangereux pour le maintien de la domination française ou pour l'ordre public et les amendes supérieures à celles spécifiées à l'article 7 ci-après.

Article 6. — Les commissions disciplinaires de divisions et de subdivisions prononcent primo : La détention dans un pénitencier indigène; secundo, l'amende.

Article 7. — Les commissions disciplinaires siégeant dans les chefs-lieux de division et de subdivision, tiennent audience à des jours déterminés à l'avance.

La commission siégeant à Alger est convoquée par son président toutes les fois qu'il est nécessaire.

Article 9. — Les délibérations des commissions disciplinaires siégeant dans les chefs-lieux de division et de subdivision sont valables pourvu que trois membres soient présents. En cas d'absence ou d'empêchement le président désigne pour le remplacer l'officier le plus élevé en grade ou le plus ancien.

Article 10. — Les prévenus sont cités à la requête :

Du commandant de cercle pour les commissions subdivisionnaires. Du commandant de la subdivision pour les commissions divisionnaires. Du commandant de la division pour la commission siégeant à Alger.

Article 11. — Le prévenu doit comparaître en per sonne devant les commissions disciplinaires, il a le droit de se faire assister d'un défenseur et sur sa demande la commission peut l'autoriser à faire entendre des témoins.

Article 12. — Les décisions sont prises à la majorité des voix.

En cas de partage des voix la décision de la commission est interprétée dans le sens le plus favorable au prévenu.

Article 13. — Si la commission reconnait que le crime ou délit entraîne une peine excédant sa compétence elle renvoie le prévenu devant la commission supérieure. Si la commission constate la possibilité de faire une instruction judiciaire régulière elle renvoie le prévenu devant les tribunaux civils ou les conseils de guerre.

Article 14. — Le procès-verbal contient : 1° Les noms et qualités des membres de la commission présents ;

2° Les noms, l'âge, la profession du prévenu, la désignation de la tribu à laquelle il appartient et l'indication sommaire des motifs de sa comparution devant la commission ;

3° Le libellé de la décision avec l'avis motivé au nom de chaque membre.

Le procès-verbal signé par les membres présents, l'instruction de l'officier ayant fait le rapport et les autres pièces sont envoyées au ministre par la voie hiérarchique.

Si pour cause d'incompétence la commission ne prononce pas de décision, le dossier est adressé à la commission supérieure ou à la juridiction ordinaire. Au lieu d'une décision, le procès-verbal mentionne alors l'avis de la commission.

Dans le cas d'acquittement, le dossier est envoyé également au ministre.

Article 15. — Lorsque les généraux divisionnaires demandent l'internement d'un indigène pour des motifs politiques ou de sûreté générale, l'affaire est instruite dans les formes prescrites devant la commission présidée par le commandant supérieur comme délégué du ministre. Le procès-verbal mentionne l'avis de la commission.

Le dossier est transmis au ministre.

Article 16. — Chaque année, les délégués du ministre passent une inspection individuelle des détenus en Algérie ou internés en France. Ces délégués soumettent au ministre des propositions pour les réductions de peine, les éloignements ou les rapatriments.

Article 17. — En dehors de la juridiction des tribunaux civils, des conseils de guerre et des commissions disciplinaires les indigènes ne peuvent être punis que :

1° Pour contravention de police conformément aux règlements existants ;

2° Pour fautes commises dans le service militaire ou administratif.

Article 18. — Dans ce dernier cas, les chefs militaires chargés de l'administration des indigènes peuvent infliger.

Le commandant du cercle 15 jours de prison militaire et 50 francs d'amende.

Le commandant de la subdivision un mois de prison militaire et 75 francs d'amende.

Le commandant de la division 2 mois de prison militaire et 100 francs d'amende.

Les pouvoirs des commandants de cercle peuvent être délégués par le commandant de la division à l'officier placé à la tête d'un poste avancé.

Article 19. — A quelque degré de la hiérarchie qu'ils appartiennent les chefs indigènes ne pourront infliger la peine de l'emprisonnement.

Il ne pourront frapper des amendes que jusqu'à concurrence de 50 francs, en se conformant aux dispositions qui seront arrêtées à cet égard par le commandant de la division.

Article 20. — Toutes les dispositions contraires au présent arrêté sont abrogées.

Article 21. — Le commandant supérieur en Algérie et les commandants de division sont chargés chacun en ce qui le concerne de l'exécution du présent arrêté.

Cet arrêté a été suivi d'une circulaire explicative, voici comment le commandant Rinn apprécie l'arrêté de la circulaire qui l'accompagne :

« L'arrêté du 21 septembre, qui réduisait tout à coup les pouvoirs des chefs militaires et qui se présentait accompagné d'une circulaire disant brutalement que son but était de faire disparaître l'arbitraire et de donner des garanties aux accusés causa une pénible impression aux officiers à qui il fut notifié.

Cette accusation d'arbitraire tombée de si haut était particulièrement pénible à ceux qui étaient certains de ne s'être jamais laissés guider dans leurs répressions souvent sévères que par l'esprit de justice et les nécessités souvent sévères du commandement en pays arabe.

La plupart d'entre-eux ne virent du reste dans cet arrêté qu'une mesure malveillante émanant d'un prince peu sympathique à l'armée d'Algérie et désireuse de se créer ailleurs un peu de popularité. Aussi quand en 1859 le prince Jérôme Napoléon fut remplacé, comme ministre de l'Algérie et des colonies par M. de Chasseloup-Laubat, les généraux de l'armée d'Algérie demandèrent-ils la suppression des commissions disciplinaires et le retour aux pouvoirs discrétionnaires des commandants militaires. »

Voici la lettre du général de Martimprey à ce sujet :
« J'ai l'honneur de vous accuser réception de votre dépêche relative à l'augmentation des crimes et délits référés aux conseils de guerre.

Le mal signalé par M. le général de Gastu, n'est malheureusement que trop réel, il est général et sévit dans les trois provinces avec la même gravité. Depuis

longtemps déjà j'ai été à même de le constater. Il me
paraît aujourd'hui hors de doute qu'on ne peut lui assigner d'autre cause que les lenteurs introduites dans la
procédure même pour de simples délits. Les commissions disciplinaires ne fonctionnent pas avec plus de
rapidité que les conseils de guerre. Et les affaires s'y
encombrent dans une proportion encore plus grande,
quelque zèle qu'elles y apportent d'ailleurs.

L'Arabe ou le Kabyle voyant qu'il ne peut obtenir
une justice aussi prompte que par le passé, en revient
à croire qu'il n'y a plus de commandement, et que par
conséquent il peut se faire justice lui-même, chose à
laquelle ses instincts violents ne le portent que trop. Son
éducation ne lui a pas appris non plus à établir une
distinction entre ce que nous appelons crime ou délit et
le manque de répression, fait qu'il se laisse aller à commettre indifféremment l'un ou l'autre, il est loin de
s'imaginer que les lenteurs qui se traduisent en réalité
pour lui en une sorte de déni de justice, n'ont cependant été occasionnées que par le désir de l'entourer de
garanties plus grandes, il ne les comprend pas.

Assigner les causes, c'est en même temps indiquer
le remède et ma conviction bien intime est que le mal
ne peut cesser que si l'on en revient aux anciens errements, c'est-à-dire si l'on rend aux généraux, commandant les divisions et les subdivisions, les pouvoirs
dont ils étaient investis et auxquels on a cru devoir
substituer l'institution des commissions disciplinaires.
Les excellents résultats auxquels on était parvenu sous
le rapport de la sécurité, me semblent témoigner d'une
manière péremptoire en faveur des moyens employés
précédemment. Ces moyens étaient évidemment plus

en rapport que ceux actuels avec des populations indigènes dont le contact avec nous n'a pas été assez prolongé pour qu'elles puissent apprécier à leur juste valeur les bienfaits dont on a voulu les faire jouir par suite de la mise en vigueur des dispositions de l'arrêté du 21 septembre 1858. »

On prépara un projet de décret modifiant le fonctionnement des commissions disciplinaires, mais ce décret fut transformé finalement en un arrêté ministériel en date du 5 avril 1860.

La circulaire du 22 avril suivant, qui accompagne la notification, résume d'une façon complète les changements apportés à l'arrêté du prince Jérôme Napoléon.

Voici le texte de cette circulaire : « Général, j'ai l'honneur de vous adresser une ampliation d'un arrêté que j'ai pris à la date du 5 de ce mois, pour apporter quelques modifications reconnues indispensables à l'arrêté du 21 septembre 1858, sur les commissions disciplinaires.

Ces modifications se résument de la manière suivante :

1° Suppression des commissions de divisions ;

2° Création des commissions de cercles ;

3° Substitution du commandant de place au fonctionnaire de l'intendance ;

4° Les instructions contre les crimes et délits, sont à tous les degrés transmises au commandant de la division, qui peut seul donner l'ordre de traduire les prévenus devant les conseils de guerre ou les commissions disciplinaires ;

5° Compétence de la commission de division, attribuée aux commissions de subdivision ;

6° Facilité de juger le prévenu sur pièces lorsqu'il y a eu une première instruction régulière et une décision de première instance rendue par une commission disciplinaire ;

7° En dehors de la juridiction des commissions disciplinaires, les amendes déterminées à l'article 18, ont été portées à 100 francs au lieu de 75 pour les commandants de divisions ;

8° Pour les méfaits et délits, dont l'importance ne dépasse pas un valeur de 50 francs, les commandants de cercle et des postes avancés, ou leurs délégués peuvent infliger une détention de 8 jours et une amende de 25 francs ;

9° Les chefs indigènes peuvent opérer des arrestations en cas de flagrant délit, sauf à rendre compte immédiatement en dirigeant les prévenus sur la prison du chef-lieu.

En cas de trouble et d'insurrection, l'action des commissions disciplinaires, peut-être suspendue dans une subdivision ou dans un cercle. Les attributions en sont exercées par le commandant du cercle ou de la subdivision qui rend compte de chaque décision avec pièces à l'appui.

Ces changements constituent de notables améliorations, la création des commissions de cercle rapproche la justice du justiciable, elle rendra plus prompte et plus efficace la répression des délits.

Le jugement sur place dans le lieu même où le délit aura été commis produira un salutaire effet sur l'esprit des polulations.

Les commissions de divisions ne fonctionnaient presque jamais, les difficultés que les déplacements entraînaient étaient sérieuses, elles ont pu être supprimées en attribuant leurs pouvoirs à la commission de subdivision.

J'ai dû faire droit au réclamations des commandants de division en leur attribuant pour les commissions disciplinaires les pouvoirs que le code de justice militaire leur donne pour les conseils de guerre.

Aucun prévenu ne peut être traduit qu'avec leur autorisation.

Je ne dissimule pas qu'il pourra en résulter quelques lenteurs; mais cet inconvénient est compensé par l'avantage de conserver à l'autorité militaire toute son unité et toute son énergie. D'ailleurs les pouvoirs pour les punitions accordées, d'une façon plus large à tous les commandants militaires, la faculté laissée aux commandants de cercle et des postes avancés de réprimer immédiatement beaucoup de méfaits et de délits sans gravité dont la poursuite multipliait inutilement le travail des officiers instructeurs et des commissions de subdivision va diminuer singulièrement les cas de citation devant les commissions disciplinaires.

J'ajouterai aux considérations qui précèdent que les pouvoirs de police judiciaire dont les officiers des bureaux Arabes venaient d'être investis permettent dans une foule de cas de faire des instructions régulières pour saisir les conseils de guerre des crimes et délits les plus graves. Les tribunaux militaires n'ayant plus à juger les Européens fixés dans les territoires militaires pourront prêter un concours plus efficace pour la répression des crimes et délits commis par les indigènes et à tous les degrés l'action de la justice deviendra plus rapide et plus sûre.

Il n'est pas nécessaire d'entrer dans de plus grands développements sur ces modifications, elles étaient commandées par l'expérience et leur utilité ne saurait vous échapper. Je crois cependant devoir noter ici que les commissions disciplinaires se rattachent à l'administration des tribus toutes les fois que l'arrêté prescrit l'envoie des pièces au ministre par la voie hiérarchique en passant par le général commandant la division territoriale.

Je recommande, général, l'exécution, de cet arrêté à toute votre sollitude. je vous prie d'en surveiller le fonctionnement avec soin et de me faire part des observations que la pratique vous suggerera ».

Il fut question, pendant que le maréchal de Mac-Mahon était gouverneur général de l'Algérie. d'enlever aux commissions disciplinaires le caractère d'instrument administratif qu'elles avaient eu jusque-là pour en faire des tribunaux correctionnels pour les indigènes en territoire militaire. mais ce projet n'aboutit pas.

L'amiral du Gueydon, promu gouverneur civil pensa établir des juridictions spéciales pour les indigènes en quelque lieu que soit leur domicile ; voici comment il s'exprimait à ce sujet : « En Algérie, ce n'est pas le lieu qui doit régir l'acte d'hostilité envers la France, c'est la qualité des délinquants. Les citoyens français en quelque lieu qu'ils résident relèvent des juridictions de droit commun. les indigènes en quelques lieux qu'ils soient doivent être soumis au régime que notre sécurité commande. Ils constituent une catégorie à part comme les militaires et les marins pour lesquels à un autre point de vue, il y a des juridictions et des pénalités spéciales ».

Mais le projet de l'amiral du Gueydon n'aboutit pas non plus.

Le 26 février 1872, l'amiral publiait un arrêté apportant quelques modifications à celui du 5 avril 1860.

Enfin le 14 novembre 1874, les commissions disciplinaires était réformées par un arrêté du général Chanzy qui n'a pas été modifié depuis. En voici le texte :

Article 1er. — Une commission disciplinaire est instituée à Alger près du Gouverneur général et dans chaque chef-lieu de division de cercle ou d'annexe.

Article 2. — La commission siégeant à Alger prend le nom de commission disciplinaire supérieure des indigènes non naturalisés citoyens français.

Elle est présidée par le Gouverneur général et composée des membres suivants :

1º Le directeur général des affaires civiles et financières, vice-président ;

2º Le chef du parquet de la cour d'appel ;

3º Le chef d'état-major général ;

4º L'amiral commandant la marine ;

5º Le général commandant du génie.

Article 3. — En cas d'empêchement ou d'absence du directeur des affaires civiles et financières, le Gouverneur général empêché désigne celui des membres titulaires qui doit exercer la présidence.

Article 4. — Les membres absents sont suppléés par les fonctionnaires ou officiers qui, par leur position, sont appelés à exercer l'intérim de leurs fonctions normales.

Article 5. — Les membres suppléants prennent rang après les membres titulaires.

Les membres civils dans l'ordre de préséance des titulaires qu'ils suppléent.

Les membres militaires dans l'ordre que leur assigne leur grade et leur ancienneté.

Article 6. — Les commissions disciplinaires de subdivisions sont composées du commandant de la subdivision, d'un membre du parquet ou du juge de paix.

De deux officiers supérieurs de la garnison désignés par le commandant de la subdivision.

Article 7. — Les commissions disciplinaires de cercles ou d'annexes sont composées du commandant du cercle ou chef d'annexe président du juge de paix ou de son suppléant, d'un officier de la garnison autant que possible du grade de capitaine ou d'un commandant de compagnie ou de détachement. Un second officier est désigné d'avance comme membre suppléant pour siéger soit en cas d'absence simultanée du juge de paix et de son suppléant, soit en cas d'absence du commandant supérieur ou du chef d'annexe.

Article 8. — Dans les chefs-lieux de cercles qui sont à la fois chefs-lieux de subdivisions la commission disciplinaire est présidée par un officier supérieur délégué par le commandant de la subdivision.

Article 9. — Un officier titulaire des affaires indigènes du cercle et annexes ou le délit a été commis instruit l'affaire et adresse son rapport au commandant supérieur ou au chef d'annexe qui si le fait n'exige pas une répression supérieure à celle que peut prononcer la commission, disciplinaire locale soumet directement l'affaire à cette commission.

Si le fait exige une punition plus forte le rapport est adressé au commandant de la subdivision.

Article 10. — Le rapport est fait :

Devant la commission disciplinaire supérieure par un fonctionnaire civil ou un officier désigné par le gouverneur général.

Devant les commissions de subdivision de cercle ou d'annexe par un officier de service des affaires indigènes et de préférence par celui qui a fait le rapport.

Article 11. — Les fonctions de greffier sont remplies dans chaque commission sur la désignation du président :

A Alger par un employé civil ou un officier, dans les chefs-lieux de cercle ou d'annexes par un officier ou par un des secrétaires civils ou militaires des communes mixtes ou indigènes.

Article 12. — Un interprète est désigné par le président pour faire le service près de chaque commission.

Article 13. — Les commissions disciplinaires connaissent des actes d'hostilité, crimes ou délits commis en territoire militaire par les indigènes de ces mêmes territoires, non naturalisés citoyens français et qu'il est impossible de déférer aux tribunaux civils ou militaires.

Toutefois ces commissions ne peuvent connaître des affaires où un citoyen français, un Européen, un Israélite, ou un indigène résidant en territoire civil se trouvera partie intéressée.

Article 14. — La commission disciplinaire supérieure propose l'éloignement de l'Algérie ou l'internement des indigènes jugés comme dangereux pour le maintien de la domination française ou de l'ordre public et les peines supérieures spécifices à l'article 16 ci-dessous.

Article 15. — Les commissions disciplinaires des subdivisions de cercles ou d'annexes proposent.

1°. La détention dans un pénitencier indigène.

2° L'amende.

Elles formulent, le cas échéant des propositions relatives aux dommages et intérêts à allouer à leur réparation.

Les peines de prison datent du jour de la décision. Elles reçoivent une exécution provisoire immédiate.

Mais elles ne sont définitives qu'après l'approbation du gouverneur général.

Article 16. — Le maximum des peines à infliger est :

Pour les commissions de subdivisions, un an de prison et mille francs d'amende.

Pour les commissions de cercles ou d'annexes, deux mois de prison et deux cents francs d'amende.

Article 17. — Les commissions disciplinaires de cercles ou d'annexes et de subdivisions, tiennent audience à des jours déterminés d'avance.

La commission supérieure est convoquée par le président toutes les fois qu'il est nécessaire.

Article 18. — Les délibérations des commissions disciplinaires, sont valables pourvu que trois membres soient présents. En cas d'absence ou d'empêchement le le président d'une commission outre que la commission supérieure désigne pour le remplacer, un des membres titulaires présents.

Les officiers ne peuvent être désignés que dans leur ordre de grade ou d'ancienneté.

Article 19. — Le prévenu doit comparaître en personne devant les commissions disciplinaires, il a le droit de se faire assister d'un défenseur et sur sa demande la commission peut l'autoriser à faire entendre des témoins.

Pour les affaires renvoyées après une première décision devant les commissions subdivisionnaires, ou devant la commission supérieure, le président décide s'il sera statué sur le rapport et la production des pièces sans comparution des prévenus.

Article 20. — Les décisions sont prises à la majorité des voix, le président exprime son avis le dernier.

En cas de partage des voix la décision de la commission est interprétée, dans le sens le plus favorable au prévenu.

Article 21. — Si la commission reconnaît que le crime ou délit, entraîne une peine excédant ses pouvoirs, elle consigne au procès-verbal son avis motivé sur les causes qui l'empêchent de se prononcer et sur les suites qu'il lui semblent devoir être données à l'affaire.

Article 22. — Le procès-verbal contient :

1° Les noms et qualités des membres de la commission présents ;

2° Le nom, l'âge et la profession du prévenu, sa position au point de vue de statut personnel, l'indication de sa tribu et la mention que cette tribu est en territoire militaire ;

3° L'indication sommaire des motifs de la comparution ;

4° Le libellé de la décision, avec l'avis motivé ou non de chaque membre sur la culpabilité, sur la peine prononcée ou sur la suite à donner à l'affaire ;

5° Les propositions relatives aux dommages-intérêts.

Article 23. — Le procès-verbal, signé par les membres présents, le rapport et les preuves à l'appui sont dans tous les cas transmis par la voie hiérarchique au gouverneur général, après que le général commandant la subdivision et le général commandant la division, ont émis eux-mêmes leurs avis sur la suite à donner à la décision rendue et aux propositions faites.

Article 24. — Le procès-verbal revêtu du visa approbatif ou des observations du gouverneur général est renvoyé par la voie hiérarchique au commandant de subdivision de cercle ou d'annexe pour servir à ce que de droit et être conservé aux archives locales.

Article 25. — En dehors de la juridiction des tribunaux ordinaires, des conseils de guerre, et en dehors des commissions disciplinaires, les indigènes musulmans non naturalisés citoyens français et résidants sur les territoires militaires peuvent être punis directement par les commandants militaires et leurs délégués.

1° Pour contravention de police conformément aux règlements existants.

2° Pour faute dans le service militaire ou administratif.

3° Pour des méfaits ou délits dont l'importance ne dépasse pas une valeur de cinquante francs.

Article 26. — Dans les cas prévus par l'article précédent les chefs militaires chargés de l'administration des territoires militaires peuvent infliger aux indigènes musulmans non naturalisés de ces territoires.

Le commandant de la division : deux mois de prison et deux cents francs d'amende.

Le commandant de la subdivision, un mois de prison et cent francs d'amende.

Le commandant de cercle ou d'annexe : quinze jours de prison et cinquante francs d'amende.

Le commandant supérieur ou chef d'annexe peut déléguer aux officiers de son bureau arabe et aux chefs de postes avancés, le droit de prononcer les punitions dans la limite de huit jours de prison et de trente francs d'amende.

Ces délégations sont toutefois réservées pour le cas où les officiers sont envoyés en mission hors du chef-lieu de cercle ou d'annexe.

Article 27. — A quelque degré de la hiérarchie qu'ils appartiennent les chefs indigènes ne peuvent prononcer la peine d'emprisonnement.

Quand ils auront à procéder de leur propre initiative à une arrestation en cas de flagrant délit ou pour des causes intéressant immédiatement l'ordre public, ils doivent en rendre compte sans délai à l'autorité française dont ils relèvent et lui faire immédiatement conduire les prévenus.

Les chefs indigènes relevant immédiatement de l'autorité française, pourront frapper des amendes jusqu'à concurrence de vingt francs pour contravention de police et manquement de moindre importance. Les amendes infligées par les chefs indigènes ne sont perçues qu'après visa approbatif de l'autorité française dont ils relèvent.

Article 28. — En cas de trouble ou d'insurrection les attributions des commissions disciplinaires peuvent être exercées dans leur entier par les commandants de subdivision de cercle ou d'annexe après décision du général commandant la division qui rend compte au gouverneur général avec pièces à l'appui.

Article 29. — Toutes les dispositions antérieures au présent arrêté sont abrogées.

Article 30. — Monsieur le directeur des affaires civiles et financières, le général, commandant la division et le procureur général près de la cour d'appel d'Alger sont chargés chacun en ce qui le concerne d'assurer l'exécution du présent arrêté ».

L'article 13 dit que les commissions disciplinaires connaissent des crimes et délits commis par les indigènes en territoire militaire qu'il est impossible de déférer aux tribunaux ordinaires ou aux conseils de guerre. C'est là quelque chose de bien vague et l'on voit donc par conséquent que leur compétence est à peu près illimitée.

L'arrêté de 1874 n'a pour ainsi dire pas subi de modifications depuis cette époque mais il faut dire que les commissions disciplinaires ne fonctionnent qu'en territoire militaire et celui-ci s'est considérablement restreint depuis 1874. Cette institution a donc perdu beaucoup de son importance.

Voici comment M. Rinn apprécie le rôle des commissions disciplinaires : « Depuis 1860, dit-il les commissions disciplinaires ont été de plus en plus appréciées par les divers représentants de l'administration militaire elles sont rapidement devenues entre les mains des officiers des bureaux arabes pratiques et efficaces et le bon fonctionnement de cette institution a toujours contribué pour une large part à la sécurité des territoires de commandement.

Cette juridiction expéditive n'est pas moins populaire chez les indigènes qui ont en elle la plus grande confiance, qui s'affirme par l'empressement qu'ils mettent à nous dénoncer les vols dont ils sont les victimes et à faciliter l'instruction sommaire des affaires soumises aux commissions disciplinaires.

Les territoires où elles peuvent fonctionner diminuent tous les jours, les statistiques ne peuvent donner d'autres indications que les chiffres bruts, mais ces chiffres ont pourtant une valeur ceux surtout antérieurs à 1870. Car ils montrent le grand nombre d'affaires qui ont pu être réglées sans frais aucun pour les justiciables et on peut affirmer en toute conscience à l'entière satisfaction des victimes et des prévenus.

Nous savons par l'article 25 de l'arrêté qu'il est des cas où les chefs militaires peuvent punir directement les indigènes. Ce droit existe-t-il également pour les fonctionnaires civils. Oui, jusqu'à un certain degré dans les communes mixtes. Dans ces communes, les administrateurs peuvent prononcer les peines de simple police pour les infractions dites spéciales à l'indigénat.

Dans les communes de plein exercice ce droit appartient au juge de paix. Ces infractions spéciales à l'indigénat ont été créées par le décret du 29 août 1874, dont l'article 17 est ainsi conçu :

« En territoire civil, les indigènes non naturalisés peuvent être poursuivis et condamnés aux peines de simple police fixées par les articles 464, 465 et 466 du code pénal pour infractions spéciales à l'indigénat non prévues par la loi française mais déterminées par des arrêtés préfectoraux rendus sur les propositions des commissaires civils et des chefs de commission cantonales ou des maires. La peine de l'amende et celle de la prison peuvent êtres cumulées et élevées au double en cas de récidive prévue par l'article 483 du Code pénal.

Les juges de simple police statueront en cette matière sans frais et sans appels ».

Le décret de 1874 conférait donc aux juges de paix le droit d'appliquer les peines spéciales à l'indigénat dans toute l'étendue du territoire civil mais depuis, ce territoire civil ayant subi une grande extension il parut nécessaire de confier aux administrateurs civils une partie des pouvoirs des anciens chefs militaires, c'est à cette nécessité que répondit la loi du 27 juin 1881 qui confiait dans les communes mixtes aux administrateurs les pouvoirs qui, dans les communes de plein exercice, continuent à être confiés aux juges de paix.

La durée des effets de cette loi était bornée à sept ans. En voici le texte :

Article 1er. — La répression par voie disciplinaire des infractions spéciales à l'indigénat, appartient désormais dans les communes mixtes du territoire civil aux administrateurs de ces communes.

Ils appliquent les peines de simple police aux faits précisés par les règlements comme constitutifs de ces infractions.

Article 2. — L'administrateur insérera sur un registre la décision qu'il aura prise avec indication sommaire des motifs. Extrait certifié du registre sera transmis chaque semaine par la voie hiérarchique au Gouverneur général.

Article 3. — Le droit de répression par voie disciplinaire n'est concédé aux administrateurs que pour une durée de sept ans, à partir du jour de la promulgation de la présente loi.

Le droit de fixer quelles étaient les infractions spéciales à l'indigénat était laissé aux préfets.

Comme ces pouvoirs étaient conférés aux administrateurs des communes mixtes seulement pour sept ans, ils expiraient en 1888. A cette époque on proposa de les renouveler pour sept ans, mais grâce à l'opposition que le projet rencontra dans les Chambres et surtout au Sénat les pouvoirs des administrateurs ne furent prorogés que pour deux ans.

C'est alors qu'on enleva aux préfets le droit de fixer par arrêté la liste des infractions spéciales à l'indigénat et la liste de ces infractions prit place dans la loi.

Voici le texte de la loi du 27 juin 1888 : Article unique. La loi du 28 juin 1881, qui confère aux administrateurs des communes mixtes en territoire civil la répression par voie disciplinaire des infractions spéciales à l'indigénat est prorogée pour une période de deux ans. — Ces infractions sont énumérées au tableau annexe à la présente loi.

Annexe à la loi du 27 juin 1888.

Énumération des faits considérés comme infractions spéciales à l'indigénat.

1° Propos tenus en public contre la France et son gouvernement.

2° Actes irrespectueux ou propos offensant vis-à-vis d'un représentant de l'autorité.

3° Refus ou inexécution du service de garde patrouille et poste vigie, prescrit par l'autorité, abandon d'un poste ou négligence dans les mêmes services.

4° Refus de fournir contre remboursement au prix du tarif arrêté par le préfet, les agents auxiliaires, les moyens de transport, les vivres, l'eau potable et le combustible aux fonctionnaires ou agents dûment autorisés dans les régions désignées tous les ans par un arrêté spécial du gouverneur général.

5° Inexécution des ordres donnés à propos des opérations relatives à l'application des lois du 26 juillet 1873 et du 28 avril 1887.

6° Inobservation des décisions administratives portant attribution des terres collectives de culture après avis de la djemaa consultée.

7° Négligence dans le paiement des impôts, soulte de rachat de séquestre, amendes et généralement de toute somme due à l'état ou à la commune. Négligence dans l'exécution des prestations faites en nature.

8° Manque d'obtempérer aux sommations des receveurs lorsqu'ils se rendent dans les marchés et dans les douars pour percevoir les contributions.

9° Dissimulation de la matière imposée, connivence dans les soustractions ou tentatives de soustraction au recensement des objets imposables.

10° Détention pendant plus de vingt-quatre heures d'animaux égarés sans avis donné à l'autorité.

11° Asile donné sans en prévenir le chef de douar à des vagabonds ainsi qu'à tous étrangers à la commune mixte non porteurs d'un permis régulier.

12° Infraction aux instructions portant réglementation sur l'immatriculation des armes.

13° Habitation isolée sans autorisation en dehors du douar, campement sur des lieux prohibés.

14° Départ d'une commune sans avoir au préalable acquitté les impôts et sans s'être muni d'un passe port, permis de voyage, carte de sûreté ou livret régulièrement visé.

15° Négligence à faire viser un permis de voyage

dans les communes situées sur l'itinéraire et le lieu de destination.

16º Défaut par tout indigène conducteur de bêtes de somme, de trait ou de monture, ainsi que de gros bétail destiné à être conduit sur un marché en dehors de la commune de se munir d'un certificat délivré sans frais par l'autorité contenant la marque ou le signalement des animaux dont il s'agit et le nom du propriétaire.

17º Tapage, scandale, dispute, et autres désordres notamment sur les marchés, n'offrant pas un caractère de gravité suffisant pour constituer un délit.

18º Refus ou négligence de faire les travaux, services, ou de prêter les secours quand ils auraient été requis dans les circonstances d'accidents, tumultes, naufrages, inondations, incendies, invasion de sauterelles ou autres calamités ainsi que dans les cas d'insurrection, brigandage, pillage, flagrant délit, clameur publique ou exécution judiciaire.

19º Réunion sans autorisation pour Zerda, Ziara, (pèlerinage, repas public) réunions sans autorisation de plus de 25 personnes du sexe masculin, coups de feux sans autorisation dans une fête, par exemple un mariage, une naissance, une circoncision.

20º Ouverture sans autorisation de tout établissement religieux d'enseignement.

21º Exercice de la profession de derrer ou instituteur primaire sans y être autorisé.

Du moment que le législateur faisait lui-même la liste des infractions spéciales à l'indigénat, cette liste s'appliquait au cas où elles étaient réprimées par le juge de paix, aussi bien qu'à celui où elles l'étaient par les admi-

nistrateurs ; et les préfets perdaient absolument le droit
de régler cette matière par voie d'arrêté.

La loi de 1888, avait été promulguée seulement pour
2 ans.

Les pouvoirs des administrateurs des communes mixtes, ont été renouvelés pour 7 ans par la loi du 25 juin
1890. La principale innovation de cette loi a été de créer
la faculté d'appel devant le préfet ou le sous-préfet, suivant que la commune où réside l'indigène puni, se trouve
située ou non dans l'arrondissement du chef-lieu du département. L'appel est suspensif, mais pour que les indigènes n'en abusent pas, il est permis aux préfets ou
aux sous-préfets d'infliger une amende pour appel mal
fondé.

Quand aux modifications apportées au tableau annexe
qui contient les infractions spéciales à l'indigénat, la loi
de 1890 supprimait purement et simplement le deuxième
paragraphe qui punissait les propos et les actes irrespectueux ou offensants vis-à-vis d'un agent de l'autorité.

La loi était votée pour sept nouvelles années, elle expirait donc en juin 1897. A cette époque une commission
était en train d'étudier un projet de loi ayant pour but
d'apporter certaines modifications avec système en vigueur et de rendre définitifs les pouvoirs des administrateurs.

Mais la commission n'avait pas fini d'étudier son
projet au moment de l'expiration des sept ans, pendant
lesquels la loi de 1890 devait être en vigueur.

Aussi une loi du 14 juin 1897, prorogeait-elle purement et simplement pour 6 mois, les pouvoirs disciplinaires des administrateurs. D'ici là le projet de la commission devait être prêt. C'est pourquoi la loi qui règle

actuellement la question porte la date du 21 décembre 1897.

Le rapporteur du projet était M. Flandin. Il s'exprimait en ces termes : « Messieurs, le droit de réprimer par voie disciplinaire, certaines contraventions d'une nature particulière, qualifiées infractions spéciales à l'indigénat a été attribué aux administrateurs des communes mixtes de l'Algérie, par la loi du 28 juin. Cette loi votée au lendemain de l'extention du régime civil à la plus grande partie de l'Algérie, avait pour but de faciliter la prise de possession par l'autorité civile des anciens territoires militaires. Dans la pensée du parlement la loi devait avoir une durée limitée au temps nécessaire pour que l'évolution qu'elle était destinée à favoriser se fît. Une expérience de 7 ans permettrait de décider ultérieurement s'il conviendrait de maintenir ou d'abandonner les armes mises à la disposition des administrateurs.

L'expérience faite a démontré le caractère d'indispensable utilité de la loi du 28 juin 1881. Les pouvoirs disciplinaires des administrateurs, ont été prorogés une première fois pour 2 années en 1888, puis pour 7 années en 1890. Ce délai de 7 ans expirait le 27 juin courant.

Il a été prorogé pour six mois. Le gouvernement, pénétré de la nécessité de maintenir aux administrateurs le droit de répression qu'ils exercent depuis seize ans, vous demande de le sanctionner de nouveau en attribuant cette fois un caractère définitif à une loi qui intéresse au plus haut degré l'ordre public, la sécurité et le succès de notre action politique en Algérie.

Votre Commission, Messieurs, a été unanime à

reconnaître qu'il convenait de maintenir les pouvoirs disciplinaires aux administrateurs.

La réunion dans la même main des prérogatives de l'administration et de la justice peut au premier abord sembler aux théoriciens de notre droit public une inquiétante dérogation aux principes de la séparation des pouvoirs; mais la vérité nous oblige à reconnaître que rien n'est aussi contraire aux idées, aux traditions, aux habitudes d'esprit des indigènes que notre conception, toute moderne, de la séparation des pouvoirs. Ainsi que le rappelait avec beaucoup de raison M. Trarieux, au Sénat, en 1890, pour être obéi, chez nous, l'invocation de la loi peut suffire, mais dans le monde arabe il faut y ajouter le prestige du commandement et au besoin l'usage de la contrainte.

Si l'on veut que notre administration civile obtienne le respect qui lui est dû et se fasse accepter, il est nécessaire de ne pas la dépouiller de tout moyen de coercition, lui retirer le droit de réprimer les infractions spéciales à l'indigénat serait l'affaiblir de la façon la plus dangereuse. Il suffit, au surplus, de se reporter au tableau où sont énumérées les infractions spéciales à l'indigénat pour constater le rapport étroit qui existe entre le rôle de commandement et l'action disciplinaire des administrateurs.

Supprimez la crainte immédiate de la répression disciplinaire, les moyens de surveillance deviendraient bientôt illusoires.

Une question plus délicate était celle de savoir si la loi nouvelle maintenant les pouvoirs disciplinaires des administrateurs suivant la tradition continuée en 1881, 1888 et 1890 est promulguée seulement pour une durée

illimitée ou comme le réclamait le gouvernement participer au caractère général de toutes les lois votées par
le Parlement sans être soumise à aucune condition ni
réserve.

L'honorable M. Albin-Rozet avait demandé que l'application de la loi soit limitée à une durée de sept
années.

Suivant l'opinion qu'il a défendue et qu'il se réserve
de reprendre devant la Chambre, les pouvoirs accordés
aux administrateurs placent les indigènes des communes mixtes sous un régime d'exception. Ce régime
d'exception ne saurait se prolonger indéfiniment; il est
de l'intérêt de la France de faire entendre à ses sujets
musulmans qu'au fur et à mesure qu'ils deviendront
moins réfractaires à la civilisation européenne, ils
verront s'adoucir les rigueurs de la législation spéciale
à laquelle ils sont soumis, que notamment ils partici-
peront à tous les avantages du droit commun qui régit
les Français en Algérie.

D'autre part, en admettant que les idées d'assimilation soient irréalisables pendant longtemps encore, il
y aurait de sérieux avantages à prévoir dans la loi une
échéance fixe pour sa révision.

Si aucun délai n'était prévu pour cette révision, il
serait à craindre, étant donné les nombreux projets de
loi qui figurent à l'ordre du jour des assemblées, qu'il
ne devienne difficile de ramener l'attention du Parlement
sur une loi concernant exclusivement les intérêts des
indigènes.

Enfin, l'expérience faite permet de conclure que le
caractère temporaire de la loi n'en a aucunement
entravé le fonctionnement et n'a pas nui à son efficacité.

Après avoir entendu les explications de M. le ministre de l'intérieur et de M. le gouverneur général de l'Algérie, votre commission a écarté à une faible majorité l'amendement de M. Albin-Rozet.

Il a semblé à la commission que l'expérience très longue poursuivie depuis plusieurs années était suffisamment probante et que si les hésitations et les atermoiements avaient été légitimes au début, une sage politique commandait de ne plus paraitre concevoir des doutes sur les avantages de l'œuvre accomplie en la remettant en question.

Ces considérations ont déterminé votre commission à accepter sous réserve de modifications de forme sans importance le premier paragraphe de l'article 1er du projet du gouvernement.

L'article 2 du projet de loi que votre commission soumet à votre examen consacre le principe que les infractions spéciales à l'indigénat seront punies des peines de simple police, mais il introduit en même temps dans la loi une disposition nouvelle dont l'importance ne vous échappera pas.

Il s'agit de la faculté reconnue à l'administrateur de substituer des prestations en nature, imposées au condamné à la peine de l'amende ou à celle de l'emprisonnement.

Il est difficile d'imaginer une peine qui soit plus inefficace à l'égard du malfaiteur indigène que notre peine de l'emprisonnement.

Il est manifeste qu'elle ne présente à ses yeux aucun caractère infamant.

Or, si l'on fait abstraction du caractère infamant de l'emprisonnement, qu'y a-t-il dans cette peine qui soit de nature à constituer l'expiation ou à produire un salutaire effet d'intimidation?

Nous prenons un malheureux en haillons habitué à la vie nomade, n'ayant la plupart du temps aucun gîte déterminé, marchant pieds nus dans la poussière et dans la boue, se nourrissant de quelques dattes ou d'un misérable gâteau d'orge et nous l'installons en prison, où il est abrité du chaud et du froid, où luxe inouï à ses yeux, il reçoit une couverture pour la nuit, des sandales, des vêtements destinés à remplacer son burnous en lambeaux, une nourriture qui lui paraît succulente.

La prison, ce n'est pas une peine pour l'indigène, ce serait bien plutôt une récompense, le suprême bonheur pour lui étant de vivre dans l'oisiveté.

La prestation en nature pour des travaux d'intérêt communal présentera un tout autre effet d'exemplarité et ce sera tout bénéfice pour la collectivité.

Les précautions prises dans les paragraphes 3 et 4 de l'article 3 doivent, au surplus, rendre vaine toute crainte d'abus de pouvoir de la part des administrateurs.

Les articles 3, 4, 5, 6, 7, 8 et 9, ne font que reproduire les dispositions antérieures de la loi du 25 juin 1890 sur la procédure à suivre, le droit d'appel, la faculté pour le gouverneur général de réduire le nombre des infractions punissables, l'obligation enfin, pour le gouvernement de rendre compte chaque année aux Chambres de l'exécution de la loi. »

Un tableau annexé au projet de loi énumère les infractions spéciales à l'indigénat.

Les deux Chambres n'ont pas cru devoir, ainsi que la commission et le gouvernement, le demandaient de voter une loi définitive et la loi du 21 décembre 1897, n'a été promulguée que pour une période de sept ans.

En revanche, on a adopté la disposition en vertu de laquelle la prison peut être remplacée par l'obligation pour le condamné, d'exécuter des travaux en nature.

Pour en finir avec les règles répressives spéciales aux indigènes de l'Algérie il nous reste à parler du séquestre et de la responsabilité collective.

Un des premiers exemples de séquestre fut un arrêté du maréchal Clauzel qui prononçait la prise de possession par l'État de tous les immeubles appartenant à l'ancien gouvernement et précédemment occupé par le dey, les beys, et par les fonctionnaires Turcs qui refusant de reconnaître le nouvel ordre de choses avaient émigré.

Un arrêté du 10 juin 1831 régla la situation de ces biens. Il reproduisait dit le commandant Rinn l'arrêté précédent avec quelques nuances de rédaction et les trois modifications suivantes :

« 1° A l'incorporation dans le domaine de l'État des immeubles jadis occupés par le beylie, il substituait la mise sous séquestre des immeubles jadis possédés par l'ancien beylie.

2° Il ouvrait aux particuliers un recours devant la commission administrative contre les décisions prises et spécifiées explicitement que les discussions entre tiers resteraient dans le ressort des tribunaux ordinaires.

3° Il prescrivait le paiement des amendes à la caisse des douanes et non plus à celle du receveur de l'armée. »

Le 11 juillet de la même année un arrêté prononçait

l'expulsion de la régence de tout individu convaincu d'avoir tenu des propos alarmants et en cas de rentrée sur le territoire une condamnation à mort, comme ayant conspiré contre la sûreté de l'État.

Le même jour un autre arrêté visant à la fois celui du 8 septembre 1830 et celui du 10 juin 1831 s'exprimait ainsi : « Considérant que si cette mesure, résultant du droit que donnait la conquête de disposer des propriétés des Turcs n'a pas été appliquée aux individus de cette nation restés depuis l'occupation française dans le territoire de la Régence, ce n'était qu'à la condition de justifier l'exception dont ils étaient l'objet par une conduite exempte d'intrigue et d'opposition à l'administration française.

Considérant que, par une conséquence naturelle des motifs qui ont prédominé dans l'option de cette mesure des Turcs résidants violeraient leur promesse et manqueraient aux engagements pris par eux envers l'autorité française perdent leurs droits au bénéfice de cette exception.

Article 1er. — L'article 1er de l'arrêté du 10 juin 1831 relatif au séquestre des immeubles appartenant aux Turcs, s'applique aux individus de cette nation qui quoique résidant dans le territoire de la Régence, se feraient remarquer par leur esprit d'opposition contre l'autorité de la France ».

Ce qu'il y avait surtout à retenir dans ce document, si étrangement rédigé, c'était, en dehors de sa partie politique la non abrogation de l'arrêté du 30 septembre 1830 implicitement visé.

Ce fait avait son importance car il permettait, si l'idée

de l'occupation d'Alger prévalait un jour, de remédier à
l'insuffisance de l'article 1er de l'arrêté du 10 juin, et de
considérer comme réellement incorporées au domaine
de l'État les propriétés de l'ancien beylick. Ce qui fut
fait.

Une décision du ministre de la guerre, en date du
17 septembre suivant prescrivit de vendre tous les immeubles inutiles aux services publics, puis des arrêtés
successifs visant toujours celui du 30 septembre 1830
affectèrent régulièrement au casernement, aux différents
services administratifs de l'État les biens utilisables de
l'ancien beylick.

Ces premiers arrêtés ne visaient que les Turcs dont la
cause semblait à beaucoup nettement séparée de celle des
indigènes, mais quand dans les conseils du roi on fut
bien décidé à conserver l'Algérie, et quand le général
en chef eut été remplacé par un gouverneur général, les
indigènes ne tardèrent pas à être atteints à leur tour
par les mesures de séquestre. Ce fut en 1840 que les
premiers arrêtés de séquestre furent pris à leur en-
contre ils atteignirent successivement Cherchel, Coléah,
Blidah.

Le séquestre fut d'abord réglementé par un arrêté du
gouverneur général en date du 1er décembre 1840, puis,
comme cet arrêté n'était pas suffisamment clair, il fut
remplacé par l'ordonnance royale du 31 octobre
1855.

« Si on laisse de côté, dit le commandant Rinn, les
mesures de régularisation relatives aux arrêtés particuliers antérieurs à 1845, les détails de procédure réglés
avec le soin et la précision qui caractérisent en France

tous les règlements d'administration publique, l'ordonnance royale se réduit aux grandes lignes suivantes :

Le séquestre ne peut être prononcé que par un arrêté motivé du gouverneur, le conseil du gouvernement entendu. Dans ce conseil figurent les chefs de la justice et d'autres hauts fonctionnaires civils ou militaires ayant pour leur service une certaine indépendance vis-à-vis du gouverneur ».

Les seuls motifs pouvant donner lieu à ces arrêtés de séquestre sont :

Avoir commis des actes d'hostilité soit contre les Français, soit contre les tribus soumises à la France, ou prêté directement ou indirectement assistance à l'ennemi, ou entretenu des intelligences avec lui. Avoir abandonné, pour passer à l'ennemi, les propriétés ou les territoires qu'ils occupaient.

L'indigène frappé a un délai d'un an, à partir de l'arrêté le visant, pour introduire une demande en décharge dans laquelle il doit établir qu'il n'est pas l'individu désigné dans l'arrêté, ou qu'il ne s'est pas rendu coupable des faits désignés ci-dessus. La réunion définitive au domaine de l'État n'a lieu que deux ans après la publication en arabe et en français des arrêtés apposant le séquestre, sauf dans le cas d'abandon en masse de ville ou territoire auquel cas l'autorité peut ordonner la main mise dès que l'arrêté est définitif.

Tant que la responsabilité collective et le séquestre n'ont été que des moyens de fait employés en Algérie par les chefs de l'armée pour établir notre domination et assurer *manu militari* l'action du commandement ou la sécurité du pays, il ne pouvait et il ne devait y avoir pour l'emploi de ces pénalités d'autre considération que l'intérêt de la France et le bien du service.

Les sentiments de droiture, d'équité et de justice que développent à un si haut degré chez les chefs l'habitude et la pratique des devoirs militaires étaient de sûrs garants de la bonne application de ces puissants moyens de coercition. Il suffit pour s'en convaincre de lire les circulaires du maréchal Bugeaud, qui le premier posa les règles de la responsabilité collective appliquée aux indigènes, règles qui ont été maintenues sans modifications sensibles par ses divers successeurs. Un seul, le prince Napoléon voulut, au nom de théories inapplicables, supprimer cette responsabilité collective. Il ne réussit qu'à faire mettre en échec le principe d'autorité, à créer la discorde et, suivant sa propre expression, à faire perdre confiance dans la réalité des progrès accomplis par notre domination. Il dut forcément modifier sa décision première et son successeur s'empressa de ressaisir d'une main plus ferme ses droits réguliers que dans un intérêt supérieur de sécurité et d'ordre public un gouvernement n'abdique jamais vis-à-vis des étrangers ou de certaines catégories de ses régnicoles.

Au surplus cette application du principe de la collective était infiniment moins draconienne qu'on ne l'a dit voici en quoi elle consistait : Lorsque dans un milieu indigène loin de toute surveillance et de tout contrôle permanent d'agents français, un crime avait été commis concernant notre autorité ou la sécurité générale et que l'auteur ou les auteurs n'avaient pu en être découverts, il était donné à la tribu ou fraction de tribu, dont la responsabilité était engagée un délai de deux mois pour désigner ou livrer les coupables, sinon une amende collective déterminée d'après la gravité du crime commis lui était imposée.

Dans le début, ce furent les généraux de division qui infligeaient les amendes collectives. A partir de 1858, ce fut le ministre de l'Algérie puis le Gouverneur. »

Une loi du 17 juillet 1874 a déclaré que le séquestre et la responsabilité collective pourraient être appliqués au cas d'incendies de forêts. Voici les articles de cette loi qui se réfèrent au séquestre et à la responsabilité collective :

Article 5. — En tout territoire civil ou militaire indépendamment des condamnations individuelles encourues par les auteurs ou complices des crimes ou délits ou contraventions en cas d'incendies de forêts les tribus et les douars pourront être frappés d'amendes dans les formes et suivant les conditions ci-après.

Article 6. — Les amendes seront prononcées par le gouverneur général en conseil de gouvernement sur le vu des procès-verbaux et rapports de l'autorité administrative locale, les chefs de tribus ou de douars préalablement entendus par la dite autorité.

Le produit de ces amendes sera versé au trésor, il pourra être affecté en tout ou en partie à la réparation du préjudice causé par ces incendies. Dans ce cas, le Gouverneur général fixera la répartition et la notifiera aux parties lésées ; recours au conseil d'État sera accordé à celles-ci dans le délai de deux mois à partir de la notification contre les décisions prises par le gouverneur général à leur égard.

Lorsque les incendies par leur simultanéïte ou par leur nature dénoteraient de la part des indigènes un concert préalable, elles pourraient être assimilées à des faits insurrectionnels et donner lieu à l'application du séquestre, conformément aux dispositions actuellement en vigueur de l'ordonnance royale du 31 décembre 1845.

Nous voyons donc que la loi de 1874 règle de la procédure à suivre pour infliger les amendes collectives et se réfère à l'ordonnance de 1845 pour celles du séquestre.

Or l'une et l'autre de ces procédures sont administratives et non pas judiciaires. Le séquestre et la responsabilité collective sont des peines prononcées par le gouvernement et non pas par le pouvoir judiciaire. Est-ce un bien, est-ce un mal ? Voici comment le commandant Rinn s'exprime à ce sujet : « Définir nettement en un texte les crimes et délits, déterminer les pénalités qu'ils entraînent quand ils sont commis par des sujets de la France au lieu de l'être par des citoyens français de naissance ou d'option, puis charger les tribunaux ordinaires de statuer et de juger c'est là une solution très simple en apparence et qui depuis longtemps a séduit d'excellents esprits. »

Cette solution serait-elle la meilleure ?

Nous n'hésitons pas à répondre négativement.

Pour qu'une mesure soit juste et bonne il ne suffit pas qu'elle nous paraisse telle à nous gens du 19e siècle, chez qui le sens moral et l'intelligence sont autrement affinés que chez les indigènes dont la civilisation et les idées retardent de plusieurs siècles.

Cet état social inspire des tempéraments à un législateur qui doit viser à donner la satisfaction la plus large possible non pas un idéal juridique ou philosophique quelqu'admirable qu'il puisse être ; mais aux besoins et aux intérêts de la France et des indigènes d'Algérie.

Quels sont ces besoins ? quels sont ces intérêts?

De notre côté sont l'affirmation de la souveraineté de la France, le rétablissement de l'ordre et de la sécurité, la revendication morale des forces productives. Ce sont là des exigences qui réclament une satisfaction aussi rapide que possible.

Or, l'histoire nous montre qu'en tout pays conquis, au lendemain d'une insurrection l'action répressive des tribunaux ordinaires est impuissante et quelque soit la durée de notre occupation, quelques grands que soient les progrès accomplis nous sommes en présence d'un peuple conquis.

Qu'on maudisse l'intervention des conseils de guerre, qu'on flétrisse les tribunaux révolutionnaires, les cours martiales, les commissions mixtes, les lois d'exception, les décrets de bannissement, on aura mille fois raison mais il n'en restera pas moins que pour liquider une situation née d'une insurrection il faut autre chose que la procédure normale et ordinaire des tribunaux de droit commun et que sous peine de disparaître le pouvoir exécutif est forcé d'intervenir directement et d'agir vite et ferme.

C'est à rendre cette intervention aussi humaine que possible tout en lui laissant son efficacité que l'on doit faire ses efforts dans les temps calmes et lorsqu'on légifère en vue de l'avenir et loin des époques troublées.

Or, ce qui est à la fois notre devoir et notre intérêt de

faire en Algérie pour atteindre ce résultat peut précisément être obtenu par des moyens qui sont dans les traditions, dans les mœurs et dans les aspirations des indigènes.

Pour ceux-ci, l'action administrative et gouvernementale, toujours plus expéditive et plus sommaire que l'action judiciaire, leur semble plus naturelle toutes les fois qu'il s'agit de faits qui, étrangers au statut personnel et à la loi religieuse, intéressent surtout le beylick, c'est-à-dire l'action politique, la sécurité générale, le rendement des impôts.

Dans ce milieu l'application de notre procédure judiciaire à raison même de ses garanties paraît étrange à ceux qui sont censés en bénéficier et préféreraient de beaucoup une justice plus sommaire, fut-elle moins bien distribuée ».

En Tunisie, le droit pénal français est applicable et la juridiction française est compétente : 1º Toutes les fois que l'accusé est un Français ou un Européen. Ou toutes les fois que parmi plusieurs accusés il y a un Français ou un Européen ;

2º Toutes les fois que le crime ou délit a été commis aux dépens d'un Français ou d'un Européen.

Quand le crime ou délit a eu lieu exclusivement entre indigènes, tant du côté des accusés que du côté des victimes c'est la loi tunisienne qui est applicable et la juridiction tunisienne qui est compétente.

En ce qui concerne la juridiction française en matière de contravention ou de délit, ce sont naturellement les tribunaux correctionnels et les juges de paix qui sont compétents.

En matière criminelle, c'est là que nous trouvons l'assessorat dont il a été déjà parlé plus haut et qu'il est question d'introduire en Algérie.

Nous avons même déjà dit qu'un projet de loi avait été voté en ce sens par la dernière Chambre avant qu'elle ne se sépare.

Voici comment fonctionne l'assessorat. Outre les trois magistrats, il y a six assesseurs, ces assesseurs sont pris, comme les jurés parmi les simples particuliers, mais à la différence des jurés qui délibèrent seuls sur la question de droit à la compétence exclusive des magistrats de la cour, les assesseurs ne forment qu'un seul corps avec les magistrats et délibèrent avec eux, tant sur la question de droit que sur la question de fait.

Maintenant dans quelle nationalité les assesseurs doivent-ils être pris en Tunisie ?

Voici comment M. Dianous s'exprime à ce sujet : « Les tribunaux de première instance se transforment tous les trois mois en tribunaux criminels, par l'adjonction de six assesseurs qui doivent être tous Français, si l'un des accusés est Français ou protégé français ; si les accusés sont tous indigènes, trois des assesseurs sont Français et tous les autres indigènes. Si les accusés sont tous étrangers, trois des assesseurs sont Français et les trois autres étrangers ; si les accusés, sont les uns indigènes, les autres étrangers trois des assesseurs sont Français, deux sont étrangers et le sixième est indigène.

Les assesseurs étrangers doivent-être autant que possible pris dans la nationalité de l'accusé. S'il n'en existe pas, ou si leur nombre est insuffisant, les accusés peu-

vent désigner les nationalités parmi lesquelles seront
pris les assesseurs étrangers.

Les accusés étrangers et indigènes peuvent d'ailleurs
demander que le tribunal se complète par l'adjonction
d'assesseurs Français au lieu d'assesseurs de leur nationalité ».

On voit qu'elle est la raisond'être de l'assessorat c'est
une mesure favorable aux indigènes puisque la moitié
des assesseurs, est de la nationalité des accusés. Le
tribunal plus impartial que ne le serait un jury composé
uniquement de colons français, est là pour départager
les voix et former la majorité.

Il semble donc à première vue que l'on devra approuver le projet qui a déjà été voté par la Chambre précédente et d'après lequel les crimes commis par les indigènes algériens cesseraient d'être déférés aux cours
d'assises pour l'être à des tribunaux criminels formés
d'après les principes qui règlent la matière en Tunisie.

Mais pour nous l'assessorat a un grand défaut, celui
de réunir deux fonctions qui doivent rester séparées.
celle des magistrats et celle du jury, et de confondre
deux sortes de questions qui doivent également être
séparées, les questions de fait et les questions de droit.

En effet, dans le système qui fonctionne en France et
en Algérie, d'après lequel les magistrats sont d'un côté
et les jurés de l'autre; les jurés (les avocats ne cessent
de le leur répéter d'un bout à l'autre de l'audience) sont
souverains sur la question de fait. Ils peuvent décider,
par exemple, qu'un domestique n'était pas au service de
son patron; qu'un crime commis à une heure du matin
n'a pas eu lieu dans la nuit. Les magistrats, au contraire,

lorsqu'il s'agit d'une question de droit, par exemple de répondre à des conclusions posées par la défense, doivent suivre strictement le texte de la loi.

Or si l'on fait délibérer ensemble les magistrats et les assesseurs, ces derniers n'ayant pas fait d'études juridiques sont incapables de résoudre des questions de droit, par exemple de répondre à des conclusions posées par la défense. Par conséquent, sur la question de droit, ils ne pourront que suivre docilement l'opinion du tribunal et comme ils ne démêleront pas toujours très bien les questions de fait des questions de droit, il pourra arriver qu'ils la suivront non moins docilement sur les questions de fait.

Il serait préférable, si l'on veut introduire l'assessorat en Algérie, de décider que les magistrats délibéreront seuls sur la question de droit et s'adjoindront des assesseurs seulement sur la question de fait.

Malheureusement ce n'est pas ce qu'a décidé le projet de loi voté par la dernière Chambre qui copie servilement e système tunisien.

Il ne peut être question de constituer un jury composé moitié de Français, moitié d'indigènes, puisque d'après la loi, lorsque six voix sont pour l'acquittement et six pour la condamnation, c'est l'acquittement qui l'emporte et il serait certain que des jurés musulmans acquitteraient toujours leurs coreligionnaires.

Il semble que l'on pourrait constituer un jury composé d'un nombre égal de citoyens français et d'un nombre égal d'indigènes qui seraient présidés par un citoyen désigné par l'administration, par exemple un administrateur de commune mixte. Il n'y aurait pas à craindre qu'il rende le verdict à lui seul, puisqu'il ne formerait jamais qu'une infime minorité : il n'aurait pas le prestige que donne le titre de magistrat et d'autre part il départagerait les voix.

Si l'on ne veut adopter ni le système dont nous parlons, ni celui d'après lequel les magistrats prononceraient seuls sur la question de droit et s'adjoindraient des assesseurs pour prononcer sur la question de fait, il nous semblerait préférable de faire juger les indigènes par les magistrats seuls sans le secours d'aucun élément pris parmi les simples particuliers.

Nous avons dit qu'en Tunisie toutes les fois qu'un crime ou qu'un délit était commis exclusivement entre indigènes, c'était la loi indigène qui était applicable et la juridiction indigène qui était compétente.

On se rappelle d'autre part qu'il y a en Tunisie deux sortes de tribunaux indigènes, les tribunaux laïques qui sont les Caïds, la Driba et l'Ouzara, et les tribunaux religieux qui sont les Cadis et le Chara. En matière pénale ce sont les tribunaux laïques qui sont compétents, sauf en ce qui concerne une restriction de laquelle nous parlerons tout à l'heure. Voici ce que M. Dianous dit à ce sujet :

« En matière pénale, les Caïds connaissent des contraventions et des petits délits commis par les Tunisiens, ils ne peuvent infliger plus de quinze jours de prison. Ils ne peuvent pas punir d'amende. Quand une affaire excède les limites de leur compétence, les Caïds se contentent de l'instruire et la renvoient à l'Ouzara.

A Tunis, le Férick ou juge du tribunal de la Driba, exerce les fonctions de juge de simple police confiées aux Caïds dans les provinces. Mais la compétence du Férick est plus étendue que celle des Caïds. Elle s'étend aux matières correctionnelles et ce magistrat peut infliger un mois de prison.

En matière pénale la compétence de l'Ouzara s'étend indifféremment aux contraventions, aux délits et aux crimes. Ce tribunal peut condamner à l'amende à l'emprisonnement, et aux galères à temps ou à perpétuité, mais il ne peut pas prononcer la peine de mort. Quand il estime que l'accusé mérite le châtiment suprême, il renvoie l'affaire au Chara c'est ce tribunal qui prononce la peine capitale et renvoie ensuite à l'Ouzara pour l'exécution.

Les condamnés à la peine de mort sont pendus. »

Au Sénégal dans les pays annexés, les indigènes sont soumis à la loi française même pour les délits commis entre eux. Il y a à Saint-Louis une cour d'assises qui juge avec l'aide d'assesseurs.

Comme en Algérie les administrateurs ont le droit de prononcer des peines disciplinaires pour infractions spéciales à l'indigénat. La liste de ces infractions est dressée par un arrêté du gouverneur.

En outre le gouverneur peut, sauf approbation ultérieure du ministre, prononcer l'internement des indigènes ainsi que le séquestre de leurs biens.

Toutes ces matières sont réglées par le décret du 30 septembre 1887.

Il est à remarquer que ce décret est rendu sans limitation de durée.

Dans les pays protégés du Sénégal, les chefs indigènes

appliquent les coutumes locales pour les crimes et délits commis par les indigènes entre eux.

Au Soudan les indigènes sont soumis à la loi française pour les crimes, commis contre les Français et continuent à être régis par leurs lois pour les crimes commis entre eux.

Le Soudan est soumis au régime militaire, c'est-à-dire que la loi française y est appliquée par les conseils de guerre. Quant au régime disciplinaire les indigènes y sont à peu près soumis à l'autorité discrétionnaire des chefs militaires.

Dans la Guinée française il y a un juge de paix qui fait en même temps fonction de tribunal correctionnel.

L'appel de ses jugements est porté devant un conseil d'appel composé du Gouverneur, ou de son délégué et de deux assesseurs pris parmi les officiers ou les fonctionnaires de service dans la colonie.

Ces juridictions ne jugent les indigènes que pour les contraventions ou les délits, ou les français sont en cause comme partie plaignante.

Le conseil d'appel constitue un tribunal criminel compétent pour tous les crimes commis dans l'étendue de la colonie : « Le conseil d'appel de la colonie française, dit M. Dislère, peut se constituer en tribunal criminel et alors il connait de tous les crimes commis dans l'étendue de la colonie, soit par les indigènes, soit même par les Européens, auquel cas il s'adjoint deux assesseurs supplémentaires ».

Le régime qui régit la colonie de la Côte-d'Ivoire est modelé sur celui de la Guinée française.

Au Dahomey, il y a un juge de paix qui remplit l'office de tribunal correctionnel : « L'appel des jugements rendus en premier ressort par la justice de paix, dit M. Dislère, est porté devant un conseil d'appel siégeant au chef-lieu de la colonie et composé de la même manière que ceux de la Guinée française et de la Côte-d'Ivoire.

Le conseil peut du reste avec l'adjonction des deux assesseurs supplémentaires, s'il s'agit d'affaire dans lesquelles sont impliqués comme accusés des Européens ou assimilés, se constituer en tribunal criminel.

Enfin, le décret du 29 juillet 1894 a maintenu les juridictions existantes tant pour le jugement des affaires civiles entre indigènes que pour la poursuite des contraventions et délits commis par eux envers les personnes autres que les Européens ou assimilés.

C'est-à-dire que dans ce dernier cas, c'est la loi des indigènes qui est applicable en vertu du principe d'après lequel des juridictions indigènes ne sauraient appliquer la loi française.

L'organisation judiciaire de la colonie ouest-africain qui comprend l'ancien Gabon et le Congo est tout à fait rudimentaire en matière criminelle. Elle l'est d'ailleurs également en matière civile.

C'est même à la cour d'assises du Sénégal que sont déférés les crimes commis au Congo. C'est dire qu'il ne peut en être ainsi que pour les crimes commis par des Européens ou par des indigènes vis-à-vis d'Européens :

« L'organisation du service judiciaire dans nos possessions de la côte des Somalis, dit M. Dislère, qui a été successivement déterminée pour Obock où était alors le siège du gouvernement par les décrets du 2 septembre 1887 et 22 juin 1889, est aujourd'hui que Djibouti est le chef-lieu de la colonie, réglé par le décret du 4 septembre 1894. Elle ne doit comporter qu'un développement très limité ».

Le décret de 1894 décide que la juriediction française n'a pour justiciable que des Français.

L'article 5 du décret qui règle cette question est ainsi conçu : « Le conseil d'appel constitue un tribunal criminel, connait les crimes commis sur le territoire du protectorat par des Français, Européens ou assimilés ».

Les crimes ou délits commis par les indigènes entre eux sont jugés par les juridictions indigènes.

Les crimes ou délits où se trouvent en cause à la fois des indigènes et des Français, sont déférés à des tribunaux mixtes.

L'article 11 du décret qui en décide ainsi, est conçu en ces termes :

Article 11. — Il n'est rien modifié au régime des juridictions mixtes ou indigènes instituées dans le protectorat pour le règlement ou le jugement des affaires administratives civiles, cours martiales ou pénales intéressant soit les indigènes entre eux, soit les indigènes vis-à-vis des Français, Européens ou assimilés ». Remarquons en passant que c'est là une anomalie que rien ne justifie car du moment qu'un Français est en cause, la juridiction française devrait toujours être exclusivement compétente dans un territoire soumis à l'autorité de la France.

Passons maintenant à l'ile de Madagascar. Voici comment M. Dislère s'exprime à ce sujet :

« Les résidents, les juges de paix à compétence étendue et les tribunaux de première instance sont compétents en matière de simple police et de police correctionnelle.

Lorsqu'ils statuent en matière de simple police, les juges de paix et les tribunaux de première instance se prononcent en dernier ressort.

Les crimes sont déférés à des cours criminelles instituées à Tananarive, Tamatave, Majunga et Diégo-Suarez.

La cour criminelle de Tananarive se compose du président de la cour d'appel, président, de deux conseillers et de deux assesseurs. Les autres cours criminelles se composent du juge président ou du juge de paix président, de deux fonctionnaires désignés par l'autorité locale et de deux assesseurs. Les fonctions du ministère public sont remplies à Tananarive par le procureur général, à Tamatave, à Majunga par le procureur, à Diégo-Suarez par une fonctionnaire désigné par le résident général. Les assesseurs adjoints aux cours criminelles sont désignés par le sort sur une liste de dix notables français domiciliés dans le ressort, dressée chaque année par le procureur général. Dans les localités autres que Tananarive, Majunga, Tamatave et Diégo-Suarez le résident général peut instituer s'il en est besoin des cours spéciales composées du résident président et de deux fonctionnaires désignés par le résident général. Mais ces cours spéciales sont compétentes seulement pour les crimes commis par les indigènes ou assimilés aux dépens des Européens ou assimilés.

Au contraire les cours criminelles de Tananarive, de Tamatave, Majunga et Diégo-Suarez connaissent également-

ment des crimes commis par des Européens dans tout
le territoire de Madagascar et dépendances.

Quant aux crimes ou délits commis par des indigènes
au assimilés aux préjudice d'autres indigènes ils sont
jugés conformément aux lois locales par un tribunal
composé du résident ou juge de paix président et de
deux assesseurs indigènes. Dans le ressort des tribunaux
de Tananarive, Tamatave, Majunga et Diégo-Suarez,
le tribunal composé également de deux assesseurs indigènes est présidé par le juge président du tribunal de
première instance.

Nous arrivons maintenant à nos possessions asiatiques.

Dans nos établissements de l'Inde française, les indigènes sont soumis aux lois françaises en matières répressives même pour les crimes et délits commis entre
eux : « Une cour criminelle dit M. Dislère, siège tri-
mestriellement dans chacun de nos établissements pour
juger les individus renvoyés devant elle par la chambre
des mises en accusation de Pondichéry.

La cour criminelle est composée à Pondichéry de trois
membres de la cour d'appel et de quatre assesseurs,
dans les établissements secondaires d'un conseiller président, du juge de première instance ou du juge de paix,
d'un fonctionnaire désigné annuellement par le gouverneur et de quatre assesseurs. »

Il faut noter que les assesseurs ne se réunissent à la
cour que pour se prononcer sur les questions de fait,
les questions de droit sont tranchées par la cour seule.
Nous avons déjà dit que nous préférions ce système à
celui qui fonctionne en Tunisie.

Les administrateurs de l'Inde française peuvent prononcer contre les Indiens non renonçants des peines de simple police pour infractions spéciales à l'indigénat leur pouvoir est donc analogue à celui des administrateurs de l'Algérie et du Sénégal.

En Cochinchine pays annexé, les indigènes sont justiciables de la juridiction française pour les crimes ou délits commis vis-à-vis de Français, d'Européens ou d'assimilés.

Il y a des cours criminelles à Saïgon, Myt-tho, Ving-Long, et Long-Xuyen : « Indépendamment d'un greffier ou d'un commis-greffier, dit M. Dislère, la cour criminelle de Saïgon se compose de trois conseillers, celles de Myt-tho, Ving-Long, et Long-Xuyen d'un conseiller et de deux juges. A ces magistrats sont adjoints quatre assesseurs européens ou deux assesseurs indigènes suivant que l'accusé est européen ou indigène. »

Pour les crimes et délits commis par les indigènes entre eux les juridictions indigènes sont conservées. Le droit qui est alors applicable n'est pas le droit indigène pur, c'est le droit annamite francisé. C'est-à-dire qu'on a fait pour le droit pénal la même chose que pour le droit civil. On a fait un code pénal à l'usage des indigènes. Voici comment M. Dislère s'exprime à ce sujet : « Le décret de 1880 rend applicable aux indigènes les dispositions du code pénal métropolitain dont il modifie un certain nombre d'articles et en supprime même quelques autres. C'est ainsi que pour le vol, le code supprime la circonstance aggravante de l'effraction. »

Les administrateurs coloniaux ont en Cochinchine des pouvoirs analogues à ceux des administrateurs algériens. Au Cambodge lorsqu'aucun Français ou Européen n'est en cause, c'est la juridiction indigène qui est

compétente et la loi Cambodgienne qui est applicable. Il
n'y a pas longtemps, lorsqu'un Français ou un Européen était en cause, l'affaire était portée devant les tribunaux mixtes, ces tribunaux ont été supprimés et ce
sont les tribunaux français, qui sont compétents aujour-
d'hui toutes les fois qu'un Français ou un Européen est
en cause comme complice ou partie plaignante.

En Annam et au Tonkin lorsqu'aucun Français ou
Européen ne se trouve en cause, l'affaire est portée devant les tribunaux indigènes et la loi annamite applicable.

Lorsqu'au contraire un Français ou Européen se
trouve en cause, l'affaire est portée devant les tribunaux
français qui appliquent la loi française.

Les faits de rébellion et de complicité de rébellion,
sont portés devant les tribunaux mixtes, mais si le gouverneur général trouve que le crime ou délit intéresse la
sécurité publique, il peut renvoyer l'affaire devant une
commission spéciale, cette commission criminelle est
composée du résident de la province, du procureur de la
République et d'un capitaine nommé sur la désignation
du commandant supérieur des troupes.

A Taïti où les indigènes sont à peu près assimilés la
juridiction française est compétente et la loi française
est applicable en matières même répressives pour les
crimes commis entre indigènes.

A la Nouvelle-Calédonie aux termes de l'article 111, du
décret du 27 mars 1379, modifié par le décret du
28 février 1882, 3me alinéa : « Comme tribunal correctionnel, il (le tribunal de première instance) connaît des
appels des jugements rendus en premier ressort en ma-

tière de simple police par le juge de paix de Nouméa, et en matière de simple police et de police correctionnelle de tous les jugements rendus en premier ressort par les juges de paix à compétence étendue.

Il connaît en outre de tous les délits commis dans toute l'étendue de la Nouvelle-Calédonie et de ses dépendances à quelque nationalité qu'appartiennent les inculpés ou prévenus à l'exception des délits dont la connaissance est réservée aux juges de paix à compétence étendue ».

Aux termes de l'article 5 du décret du 27 mars 1879, modifié par le décret du 28 février 1882, 2ᵉ paragraphe 2ᵉ alinéa : « Constitué en tribunal criminel il connaît (le tribunal supérieur) de tous les crimes commis dans l'étendue de la colonie et de ses dépendances à quelque nationalité qu'appartiennent les accusés et en général de toutes les affaires qui sont portées en France devant la cour d'assises ».

Les administrateurs peuvent en Nouvelle-Calédonie réprimer par voie disciplinaire les infractions spéciales à l'indigénat.

Ces pouvoirs leur étaient donnés par les articles 2, 3, 4 et 5 du décret du 18 juillet 1887.

Ces articles n'avaient été promulgués que pour dix ans. Le décret du 18 juillet 1897, les a prorogés pour dix nouvelles années.

C'est également en vertu de ces articles prorogés pour dix ans par le décret du 18 juillet 1897 que le gouverneur de la Nouvelle-Calédonie peut prononcer l'internement des indigènes et le séquestre de leurs biens.

On voit donc que le régime spécial à l'indigénat en Nouvelle-Calédonie comme d'ailleurs dans toutes les colonies où il existe est modelé sur celui de l'Algérie.

CHAPITRE III

DE LA CONDITION DES INDIGÈNES

AU POINT DE VUE DES LOIS ADMINISTRATIVES ET POLITIQUES

L'Algérie se trouve divisée en territoire civil et en territoire militaire ou de commandement.

Le territoire civil est administré sous l'autorité du gouverneur général par les préfets et les sous-préfets. Le territoire militaire est administré toujours sur l'autorité du gouverneur général par les généraux de division et de brigade.

Le territoire civil comprend des communes de plein exercice organisées sur les mêmes bases que les communes de France et des communes mixtes.

Le territoire de commandement comprend des communes mixtes et des communes indigènes.

En 1895 on comptait dans le territoire civil 256 communes de plein exercice et 79 communes mixtes.

Dans le territoire de commandement six communes mixtes et douze communes indigènes.

Les communes de plein exercice sont soumises à la loi municipale du 5 avril 1884 qui est applicable en

Algérie comme en France. En effet l'article 164 de
cette loi est ainsi conçu.

Article 164. — La présente loi est applicable aux
communes de plein exercice de l'Algérie sous réserve
des dispositions en vigueur concernant la constitution
de la propriété communale, les formes et conditions
des acquisitions, les échanges, aliénations et partages
et sous réserve des dispositions concernant la représentation des Musulmans indigènes.

Par dérogation aux articles 5 et 6 de la présente loi
les érections des communes, les changements projetés
dans la circonscription territoriale des communes, quand
ils doivent avoir pour effet de modifier les limites d'un
arrondissement sont décidés après avis du conseil
général.

Par dérogation à l'article 74 les conseils municipaux
pourront allouer aux maires des indemnités de fonction
sauf approbation du conseil général.

Avant la loi de 1884 les conseils municipaux des
communes de plein exercice comprenaient, à côté des
membres français, non seulement des membres musulmans, mais aussi des membres européens étrangers.

Ceux-ci ont été supprimés par la loi de 1884, qui
réserva seulement la disposition concernant les Musulmans indigènes.

Il y a donc actuellement dans les communes de plein
exercice des conseillers municipaux au titre français,
et des conseillers municipaux au titre indigène.

La population indigène et le nombre des conseillers
municipaux indigènes n'ont aucune influence sur le
nombre des conseilllers municipaux au titre français.

En revanche le nombre des conseillers municipaux au titre français a une influence sur le nombre des conseillers municipaux au titre indigène. En effet le nombre de ces conseillers ne peut dépasser le quart de l'effectif total du conseil.

Les conseillers municipaux au titre indigène ne peuvent-être moins de deux ni plus de six.

Ces dispositions résultent du décret du 7 avril 1884, qui règle la représentation des indigènes dans les conseils municipaux des communes de plein exercice.

Voici le texte de ce décret.

Article 1er. — Des conseils municipaux des communes de plein exercice composés, comme il est dit à l'article 10 de la loi municipale ci-dessus. La population européenne, servant seule à déterminer cette composition, comprennent, outre les conseillers élus par les citoyens français, ou naturalisés, des conseillers élus par les indigènes musulmans dès que cette population atteint le chiffre de cent individus.

Ces derniers conseillers viennent en augmentation du chiffre du conseil municipal tel qu'il est déterminé par l'article 10 précité. Leur nombre est fixé ainsi qu'i suit :

Deux conseillers de cent habitants à mille habitants musulmans. Au-dessus de ce chiffre il y aura un conseiller musulman de plus par chaque excédent de mille habitants musulmans, sans que le nombre des conseillers puisse jamais dépasser le quart de l'effectif total du conseil, ni dépasser le nombre de six.

Article 11. — Les indigènes musulmans, pour être admis à l'électorat municipal, doivent être âgés de vingt-cinq ans, avoir une résidence de douze années consécutives dans la commune et se trouver dans l'une des conditions suivantes :

Être propriétaire foncier ou fermier d'une propriété rurale.

Être employé de l'État, du département ou de la commune.

Être membre de la Légion d'honneur ou pourvu d'une médaille commémorative donnée ou autorisée par le gouvernement français, ou titulaire d'une pension de retraite.

Ils ne sont inscrits sur la liste des électeurs musulmans qu'après avoir fait la demande et déclaré le lieu et la date de leur naissance.

Un arrêté du gouverneur général règle les détails d'application du présent décret.

Article 3. — Son éligibles au titre musulman :

1° Les citoyens français ou naturalisés qui remplissent les conditions prévues par l'article 31 de la loi municipale sus-visée ;

2° Les indigènes musulmans âgés de vingt-cinq ans et domiciliés dans la commune depuis trois ans au moins, inscrits sur la liste des électeurs musulmans de la commune.

Article 4. — Les conseillers élus par les indigènes musulmans siègent au Conseil municipal au même titre que les conseillers élus par les citoyens français. Toutefois, en vertu de l'article 11 de la loi du 2 août 1895, ils ne peuvent prendre part à la désignation des délégués pour les élections sénatoriales qu'à la condition d'être citoyens français.

La même condition leur est nécessaire pour participer à l'élection des maires et des adjoints.

Article 5. — Dans les communes de plein exercice, où la population musulmane est assez nombreuse pour qu'il y ait lieu d'exercer à son égard une surveillance spéciale, cette population est administrée sous l'autorité immédiate du maire par des adjoints indigènes.

Ces adjoints peuvent être pris en dehors du Conseil et de la commune, dans ces deux cas ils ne siègent pas au Conseil municipal. Le préfet détermine par des arrêtés les communes où il doit être établi des adjoints indigènes, ainsi que le nombre, la résidence et le traitement de ces agents.

Le traitement des adjoints indigènes constitue une dépense obligatoire pour les communes.

Les titulaires de ces emplois sont nommés, le maire préalablement consulté, par le préfet, qui peut les suspendre dans la même forme pour un temps qui n'excédera pas trois mois.

Ils ne peuvent être révoqués que par arrêté du gouverneur général.

Article 6. — L'autorité des adjoints indigènes ne s'exerce que sur leurs coreligionnaires. Indépendamment des attributions qui peuvent leur être déléguées par le maire, ces agents sont particulièrement chargés :

De faire à l'autorité municipale tous les renseignements qui peuvent intéresser le maintien de la tranquillité et la police du pays.

D'assister les agents du Trésor et de la commune dans les opérations de recensement en matière d'impôts, de prêter à toute réquisition leur concours aux agents du recouvrement des deniers publics.

De veiller spécialement à ce que les déclarations de naissance et de décès, de mariage et de divorce, soient faites exactement par leurs coreligionnaires à l'officier d'état-civil.

Ils ne sont chargés de la tenue de l'état-civil musulman qu'en vertu d'une délégation spéciale du maire ; toutefois, lorsque les distances ne permettent pas de faire les déclarations au siège de la commune ou d'une section française de la dite commune, elles seront reçues par les adjoints de la section indigène.

Les instructions spéciales du gouverneur général détermineront, s'il y a lieu, les devoirs que les adjoints indigènes sont tenus de remplir indépendamment de ceux ci-dessus spécifiés.

En cas d'absence ou d'empêchement, l'adjoint indigène est remplacé par un conseiller municipal indigène ou, à son défaut, par un notable habitant indigène désigné par le préfet.

Article 7. — Des arrêtés du gouverneur général, délibérés en conseils du gouvernement, pourvoiront à la création et à l'organisation des communes mixtes et des communes indigènes. Dans les centres européens compris dans le périmètre des communes mixtes, les adjoints et les membres français des commissions municipales, dont le nombre continue à être fixé par les arrêtés des préfets, sont élus par les citoyens francais et inscrits sur les listes électorales.

Article 8. — Sont abrogés : le décret du 27 décembre 1866, le titre 2 du décret du 18 août 1868 et le décret du 10 septembre 1874, et toutes les dispositions contraires au présent décret.

Article 9. — Le ministre de l'intérieur est chargé de

l'exécution du présent décret, qui sera inséré au *Bulletin officiel* du gouvernement général de l'Algérie.

On a pu remarquer, en lisant le décret, une disposition singulière, c'est celle qui décide que les conseillers élus au titre indigène auront le droit de voter pour les élections des maires, des adjoints et des délégués sénatoriaux s'ils sont eux-mêmes citoyens français.

Cette disposition ne peut pas se justifier car du moment que des français sont élus au titre indigène ils ne peuvent avoir plus de droits que n'en auraient des conseillers indigènes. Ceci est surtout choquant en ce qui concerne les élections des délégués sénatoriaux, car les conseillers municipaux ne prennent pas part à cette élection en leur nom personnel mais au nom de leurs commettants, c'est donc la qualité de l'électeur et non pas celle de l'élu qu'on devrait considérer.

On a remarqué aussi que les adjoints indigènes peuvent être choisis en dehors des conseillers indigènes élus et même en dehors de la commune, et que dans ces deux cas, ils ne siègent pas au conseil municipal.

Ce sont donc plutôt des agents de l'administration que des membres du corps municipal.

Dans la population indigène, il faut distinguer celle qui réside au chef-lieu de la commune et celle qui habite les douars environnants qui ont été rattachés à la commune de plein exercice. L'une et l'autre prend part à l'élection des conseillers indigènes. Les douars rattachés à la commune de plein exercice française forment ce que l'on appelle des sections indigènes, l'administration en est confiée aux adjoints indigènes.

Les communes mixtes du territoire civil ont été créées par l'arrêté du 24 décembre 1875.

Auparavant, les parties du territoire civil qui n'étaient pas comprises dans les communes de plein exercice formaient les circonscriptions cantonnales.

Les communes mixtes du territoire civil ont à leur tête des administrateurs, ils sont assistés d'une commission municipale qui comprend des membres français et des membres indigènes.

Autrefois les uns et les autres étaient nommés par le gouvernement. Aujourd'hui en vertu de l'article 7 du décret du 7 avril 1884, les membres français sont élus. Les membres indigènes sont toujours nommés par le gouvernement, ce sont les adjoints indigènes. Ces adjoints indigènes sont chargés d'administrer les douars rattachés à leur commune mixte.

Mais à l'inverse des adjoints indigènes des communes de plein exercice qui administrent seuls leurs douars, ils sont assistés d'une Djemaa dont les membres sont nommés en vertu de l'arrêté du 11 septembre 1895 par le préfet sur la présentation d'administrateurs et l'avis du sous-préfet.

L'institution des Djemaa, qui a été étendue à toute l'Algérie, a été empruntée à l'institution Kabyle. Mais autrefois, les Djemaa kabyles n'étaient pas nommées, elles étaient composées de tous les notables qui en étaient membres de droit et même dans certains cas on appelait à délibérer tous les habitants du village.

Les communes mixtes du territoire militaire ou de commandement sont organisées à peu près comme celles du territoire civil, si ce n'est que l'administrateur est remplacé par un commandant supérieur.

Les commissions municipales sont composées à peu

près de même. Dans les douars environnants, les membres des Djemaa au lieu d'être nommés par leurs préfets sont nommés par le général commandant la division.

Les communes indigènes n'ont qu'une organisation tout à fait embryonnaire. Elle ont à leur tête un commandant supérieur. Les douars qui y sont rattachés ont à leur tête un adjoint indigène assisté d'une Djemaa organisée, comme dans les communes mixtes militaires.

On voit donc que les conseils municipaux des communes de plein exercice, sont les seuls où les indigènes aient des représentants élus.

Disons que ce sont les seuls corps administratifs où ils aient eu des représentants élus, jusqu'en ces derniers temps.

En effet les conseils généraux des départements de l'Algérie, ont bien un assesseur musulman, mais ces assesseurs au lieu d'être élus par les indigènes sont nommés par l'administration.

Depuis que ces lignes ont été écrites, un décret du 23 août 1898, a créé les délégations financières. Ces délégations forment en quelque sorte des états généraux, car elles comprennent trois ordres. Ces trois ordres sont les colons français, (par colon il faut entendre les agriculteurs, c'est-à-dire les propriétaires agricoles, chefs d'exploitation ou fermiers). Les contribuables français autres que les colons (on voit donc que les représentants français sont élus au suffrage restreint), et enfin les indigènes musulmans.

Les délégués des indigènes sont élus ; neuf par les conseillers municipaux indigènes des communes de plein exercice, et par les membres indigènes des commissions municipales des communes mixtes du territoire civil ; six par les chefs des Kharoubas Kabyles.

Enfin six indigènes représentants du territoire militaire, sont nommés par le gouverneur sur la présentation des généraux de division.

En vertu d'un autre décret de la même date chacun des trois ordres composant les délégations financières, nomment des représentants au conseil supérieur de l'Algérie les délégués indigènes en nomment quatre.

Comme corps électifs ayant un caractère, non pas politique mais officiel, il faut noter les tribunaux du commerce et les conseils de prud'hommes.

Les indigènes musulmans, n'ont pas de représentants dans les tribunaux de commerce, ils en ont dans les conseils de prud'hommes, mais ces conseillers n'ont que voix consultative. En effet la loi du 28 février 1881, qui déclare applicable à l'Algérie, sous certaines modifications la législation métropolitaine concernant les conseils de prud'hommes est ainsi conçue :

« Article 1er. — Les lois du 1er juin 1843, 2 juin 1864 et 7 février 1880, concernant les conseils de prud'hommes ainsi que les dispositions de la législation intérieure maintenue par l'article 19 de la loi du 1er juin 1853, sont applicables à l'Algérie sauf les modifications ci-après :

Article 2. — Sont électeurs :

1º Les patrons âgés de 25 ans accomplis, patentés depuis trois années au moins et domiciliés depuis un an dans la circonscription du conseil ;

2º Les chefs d'ateliers, contre-maîtres et ouvriers, âgés de 25 ans accomplis, exerçant leur industrie depuis

3 ans au moins et domiciliés depuis un an dans la circonscription du conseil.

Articles 3. — Sont éligibles les électeurs âgés de 30 ans accomplis, domiciliés depuis deux ans dans la circonscription du conseil et sachant lire et écrire le Français.

Article 4. — Dans les circonscriptions où l'importance de la population musulmane le comportera les conseils de prud'hommes, comprendront des prud'hommes, assesseurs musulmans.

Les décrets de l'institution déterminant le nombre des membres de chaque conseil indiqueront celui des prud'hommes assesseurs musulmans.

Les patrons assesseurs musulmans et les ouvriers assesseurs musulmans seront toujours en nombre égal dans chaque catégorie.

Article 5. — Dans les causes où se trouvent un ou plusieurs musulmans non naturalisés, le bureau particulier et le bureau général comprendront deux assesseurs musulmans, l'un patron, l'autre ouvrier ayant voix consultative.

Article 6. — Les prud'hommes assesseurs musulmans sont élus par les musulmans non naturalisés remplissant les conditions indiquées à l'article 11 ci-dessus.

La liste de ces électeurs est dressée séparément.

Article 7. — Les prud'hommes assesseurs musulmans sont élus de la même façon que les autres prud'hommes ils sont soumis aux mêmes conditions d'éligibilité. Toutefois pour l'assessorat il suffit aux candidats de parler français, s'ils savent lire et écrire dans leur langue maternelle.

Article 8. — Les prud'hommes assesseurs musulmans comme les autres prud'hommes sont renouvelés par moitié tous les trois ans. »

Les indigènes algériens ne payent pas les mêmes impôts que les citoyens français, mais ils paient les impôts arabes qui sont à peu près les mêmes que ceux qu'ils payaient au gouvernement du dey d'Alger.

En Tunisie, le bey conserve la souveraineté mais la France est représentée auprès de lui par un résident général qui relève du ministère des affaires étrangères.

Il a sous ses ordres les commandants des forces militaires de terre et de mer et tous les services administratifs concernant les Européens et les indigènes.

Le résident général est l'intermédiaire unique entre la Tunisie et les puissances étrangères.

Le résident général préside le conseil des ministres, il est chargé d'approuver au nom de la France la promulgation des décisons du bey et leur mise à exécution.

Il n'y a plus aujourd'hui que deux ministres, le premier ministre et le ministre de la plume. Le ministre de la guerre a été remplacé par le général commandant les troupes françaises. Les autres ministères ont été transformés en directions et ont à leur tête des agents français. Le premier ministre préside l'Ouzara, dont nous avons déjà parlé en temps que tribunal mais qui joue en même temps le rôle d'une sorte de conseil d'État.

Disons que si l'on a laissé subsister deux ministres le premier ministre et le ministre de la plume tous deux sont à la tête de l'administration générale. Ils ont.

placé auprès d'eux, un chef de service français : le secrétaire général du gouvernement tunisien.

On a également conservé le cheik Ul-Islam, chef de la religion musulmane (plus spécialement chef du rite hanéfite) qui a rang de ministre.

L'administration locale est toujours confiée aux anciens chefs indigènes Caïds, Khalifas, et Cheiks, mais des contrôleurs civils ont été placés auprès d'eux. Disons cependant que plusieurs Caïds sont soumis à l'autorité du même contrôleur. Les contrôleurs civils n'administrent pas : ils surveillent, ils conseillent les Caïds et les chefs indigènes.

Ils sont chargés de la police de leur circonscription et la gendarmerie indigène est sous leurs ordres directs.

Dans la période troublée qui a suivi notre entrée en Tunisie l'administration du pays à dû être assurée par l'autorité militaire et des bureaux de renseignements analogues aux bureaux arabes furent installés dans les principales villes de la régence.

L'ordre et la paix revenus on les a remplacés par des contrôleurs civils.

L'autorité militaire ne s'exerce plus aujourd'hui que sur les Khroumirs au nord et les populations avoisinant la Tripolitaine au sud. Les bureaux de renseignements ont à leur tête des officiers de renseignements qui ont sur les chefs indigènes des pouvoirs analogues à ceux des contrôleurs civils.

A l'exception de la ville de Tunis qui possédait une sorte de corps municipal depuis 1858 il n'y avait pas d'organisation municipale en Tunisie avant que la France n'installât son protectorat sur la Régence.

Un décret du 31 octobre 1883 organisa la municipalité

de Tunis. Puis les villes les plus importantes furent érigées en communes. D'autres moins considérables sans être érigées en communes eurent à leur tête une commission municipale.

Chaque commune a à sa tête un président assisté d'un ou plusieurs vice-présidents qui l'administrent sous la surveillance d'un conseil municipal, les corps municipaux sont composés de membres français et de membres indigènes.

Les uns et les autres ne sont pas élus, mais nommés par décret du bey.

Au Sénégal, il y a comme nous avons déjà eu l'occasion de le dire plusieurs fois des pays protégés et des pays annexés. Les pays annexés comprennent des communes de plein exercice et des territoires d'administration directe. Les quatre communes de plein exercice sont Saint-Louis, Dakar, Gorée et Rufisque. Des arrêtés du Gouverneur peuvent ériger les territoires d'administration directe en communes mixtes ou indigènes.

Ces communes ont à leur tête un administrateur assisté d'une commission qui comprend de cinq à neuf membres, pris par le Gouverneur parmi les notables.

Dans les communes mixtes ces commissions exercent à peu près les attributions des conseils municipaux, dans les communes indigènes elles ne sont que consultatives.

Les indigènes domiciliés dans les communes de plein exercice y sont électeurs, mais ils votent non seulement comme en Algérie pour les électeurs des conseils municipaux, mais aussi pour celles des conseillers généraux et même pour celles des députés, ce n'est donc plus un droit purement local qu'ils exercent mais, nous avons déjà dit plus haut que ce droit peut être considéré comme local en ce sens qu'ils ne seraient pas électeurs dans une autre colonie ou en France.

Quant aux pays protégés ce ne sont pas la plupart du temps des états régulièrement constitués comme la Tunisie.

Ils se divisent en pays de protection immédiate, soumis à l'impôt et gouvernés par des chefs de notre choix et au pays de protectorat purement politique, où nous ne percevons pas d'impôts et dont les chefs sont simplement agréés par le Gouverneur du Sénégal.

Le Soudan est soumis au régime militaire. Les territoires annexés sont divisés en cercles administrés par des officiers. Naturellement dans ces conditions, les indigènes n'ont aucun droit électoral, même local.

Le Soudan contient aussi des pays protégés, on peut dire d'eux la même chose que de ceux du Sénégal, ce ne sont pas des États régulièrement constitués.

Voici ce que M. Dislère dit à leur sujet : « La distinction entre les pays administrés et les pays protégés réside principalement dans le mode de paiement de l'impôt, celui-ci est toujours payé au commandant du cercle, mais dans le premier cas par les chefs de villages ou de canton, dans le second cas, par des chefs puissants de pays plus étendus ».

Les autres colonies de la côte occidentale d'Afrique, c'est-à-dire la Guinée française, la Côte-d'Ivoire, le Dahomey et ses dépendances, l'ouest africain qui comprend le Gabon et le Congo, n'ont qu'une organisation administrative rudimentaire et les indigènes n'y ont aucun droit électoral. Il en est de même de nos possessions de la côte des Somalis située sur l'océan Indien, c'est-à-dire sur la côte orientale d'Afrique.

La grande île de Madagascar est encore soumise au régime militaire, les indigènes n'y exercent aucun droit électoral.

L'Inde française comprend cinq établissements. Pondichéry, Chandernagor, Yanaon, Karikal et Mahé. Il y a à Pondichéry, un conseil général de la colonie, il y a dans chaque établissement un conseil local.

Chaque établissement comprend une ou plusieurs communes à la tête desquelles se trouvent un conseil municipal et un maire élu.

Il y a trois listes d'électeurs, la première comprend les Européens d'origine, la seconde les Indiens renonçants et la troisième les Indiens non renonçants. Chaque liste nomme à part ses délégués pour les élections aux conseils municipaux, aux conseils locaux et conseil général.

Pour le député, les électeurs des trois listes votent ensemble.

Nous avons déjà dit dans la première partie de cet ouvrage que le droit des Indiens non renonçants était purement local dans ce sens, qu'ils ne pouvaient pas en user ailleurs que dans la colonie, tandis que les Indiens renonçants possédaient dans toute la plénitude, les droits de citoyens français.

C'est un décret du 21 septembre 1881 qui a organisé

la renonciation et le système des trois listes, celle des Européens, celle des Indiens renonçants et celle des Indiens non renonçants au lieu du système des deux listes, celle des Européens d'une part et celle des Indiens de l'autre, qui existait auparavant.

Les Indiens renonçants se sont toujours montrés les adversaires des droits électoraux accordés à leurs compatriotes non renonçants.

Voici en effet ce que l'un d'eux, M. Pounoutamby, écrivait à ce sujet en 1881 : « Nous avons volontairement, spontanément renoncé à notre statut personnel pour obéir à la loi française. La France ne venant pas à nous, nous avons été à elle. Nous avons fait consacrer comme nous avons pu notre vie nouvelle. Nous nous sommes présentés devant les greffiers, notaires ou tabellions et nous avons fait dresser procès-verbal de nos renonciations au statut personnel pour nous et nos familles. Le décret du 21 septembre 1881 est enfin venu nous donner le moyen d'entrer légalement dans la grande famille française. »

Jusqu'à la promulgation de ce décret il est donc vrai de dire que les documents législatifs locaux ne considéraient aucun natif comme citoyen français, pas même le natif ayant renoncé à son statut personnel pour obéir à la loi française.

Cette législation nous établissait dans un état d'infériorité et nous cantonnait dans la liste des indigènes sans nous donner le moyen d'en sortir.

Seul le décret du 21 septembre 1881 nous donne le rang de citoyens français et abaisse cette barrière dressée par la législation locale sous la forme de la double liste.

M. le rapporteur qui s'est déjà mépris sur l'interprétation des institutions représentatives en ce qui concerne l'Inde, n'a peut-être pas été plus heureux lorsqu'il a déclaré que le droit de suffrage direct et universel est accordé à tous les Indiens sans distinction par la note publiée au *Journal officiel*.

C'est le décret et non la note qui a force de loi.

On a peine à comprendre qu'étant donné l'ensemble de la législation spéciale de l'Inde, le rédacteur de la note citée ait parlé d'une espèce de spoliation dont les natifs auraient à souffrir en rentrant dans la légalité.

Le décret du 21 septembre 1881 est conçu dans le même esprit que toute la législation précédente et n'a pu enlever aux Indiens un droit de suffrage qu'ils n'avaient jamais eu et qu'ils n'avaient exercé qu'illégalement.

Il n'y a là aucune spoliation. Pourquoi cette parole malheureuse a-t-elle été jetée dans un tel débat ? Elle a entretenu l'illusion dans l'esprit des natifs et ne rendra que plus pénible le retour à la loi. Qu'est-ce que cette anticipation généreuse par laquelle l'administration de l'Inde prétend avoir conféré des droits aussi importants que ceux du suffrage universel aux habitants de l'Inde qui ne pouvaient les acquérir que par la loi ?

Nous ne voulons pas de ces mesures qui n'ont que l'apparence de la générosité et du libéralisme et qui sont purement arbitraires.

Elles ne peuvent qu'obscurcir la question et lorsque l'administration prétend nous accorder la prérogative la plus élevée du citoyen français. celle de participer au pouvoir législatif de France, elle ne paraît avoir d'autre but que de nous cacher à nous-mêmes et de cacher à l'opinion publique l'état d'infériorité dans lequel on nous maintient quand il s'agit de nos droits politiques et de la défense de nos intérêts dans notre pays natal.

Le décret du 21 septembre 1881 ne peut être compromis dans son application par cette note officieuse et l'instruction ministérielle du 14 octobre qu'elle mentionne.

Les natifs sont maintenant avertis s'ils résistent aux bienfaisantes intentions du gouvernement qui leur facilite les moyens de devenir Français.

De quoi peuvent-ils se plaindre s'ils veulent rester dans la situation où ils étaient en 1769, en 1819, c'est-à-dire à l'état de sujets placés sous le protectorat de la France? Rien ne les oblige à en sortir et ils peuvent conserver leurs lois et coutumes que la France entend respecter, mais ils n'auront pas les droits que confère seulement la qualité de citoyen français.

Leur résistance à l'assimilation ne peut pas nous nuire à nous, qui avons renoncé à notre statut personnel et qui entendons jouir de tous les droits civils et politiques sans cette restriction qui nous enfermait dans la liste des indigènes.

Nous pensons donc avoir démontré que le décret du 30 juillet 1881 et la loi du 15 mars 1849, ont été violés, que les listes électorales ont été illégalement dressées que ni la législation générale des colonies, ni la législation spéciale à l'Inde ne justifie l'arrêté du 5 août 1872.

L'attention du gouvernement a été appelée par la Chambre sur toutes ces questions.

Nous lui soumettons respectueusement ces observations et nous ne doutons pas qu'il ne fasse disparaître les nombreuses irrégularités qui lui ont été signalées ».

Passons maintenant à l'Indo-Chine.

La Cochinchine est divisée en quatre circonscriptions
et subdivisée en vingt arrondissements : les communes de
Saïgon et de Cholon, sont séparées administrativement
des arrondissements du même nom.

Le conseil municipal de Saïgon est formé de huit membres Français et de quatre membres indigènes non compris le maire et les deux adjoints qui sont Français. Les
uns et les autres sont élus par le suffrage universel et
direct.

Le maire et les adjoints sont élus par le conseil municipal.

La commune de Cholon a une organisation toute spéciale. Le conseil municipal comprend trois membres
européens nommés par le gouverneur, sur la proposition de la Chambre de commerce de Saïgon de quatre
membres annamites, nommés par les annamites et de
quatre membres chinois élus par leurs nationaux.

A côté de ces deux grandes communes de Saïgon et
de Cholon les villages constituent des communes
indigènes qui ont conservé leur ancienne organisation.

« L'administration de la commune dit M. Luro, est réglée pour tout ce qui n'intéresse pas directement le service de l'État non par la loi, mais par une coutume orale
traditionnelle susceptible de nombreuses modifications
de détail et variant de province à province. »

La commune est administrée par les notables, expression qu'il faut entendre dans le sens d'officiers muni cipaux. Ces notables se divisent en notables majeurs et en notables mineurs.

Les premiers forment le conseil municipal, ils ont droit de délibérer et de décider dans toutes les affaires qui intéressent la commune. Les derniers qui n'ont pas voix délibérative au conseil sont des agents d'exécution.

Les notables sont choisis parmi les propriétaires fonciers, les commerçants ou les riches rentiers et même parmi les simples habitants lorsqu'ils jouissent d'une grande réputation d'habileté ou de savoir faire.

La population se divise en deux classes ; les gens inscrits sur les registres de l'impôt et les gens non inscrits, ces derniers ne paient pas de contributions personnelles parce qu'ils sont considérés comme trop pauvres.

La coutume veut que pour se mêler des affaires de la commune on soit inscrit sur le rôle de l'impôt foncier ou sur celui de la contribution personnelle ».

De même que la cité antique, la commune annamite se présente sous l'aspect d'une association religieuse : « Chaque commune dit M. Jobbé Duval, se trouve placée sous la protection d'un ou plusieurs génies auxquels est dédiée la pagode dans laquelle les notables tiennent leurs réunions. Un autel élevé par les soins de la commune, est destiné à recevoir les tablettes des ancêtres de chaque famille, tous les habitants peuvent aller faire sur cet autel des sacrifices à leurs aïeux. »

Des conseils d'arrondissement ont été organisés en Cochinchine par le décret du 5 mars 1889 : « D'après ce décret, dit M. Dislère, chaque canton élit un membre choisi par les notables sur une liste dressée par les administrateurs.

Sont éligibles tous les indigènes inscrits habitant le canton n'ayant subi aucune condamnation à une peine criminelle ou bien à une peine correctionnelle pour rébellion ou vol. »

Les conseils d'arrondissement de la Cochinchine sont, comme on le voit composés uniquement d'indigènes.

Au lieu d'un conseil général comme l'Inde ou le Sénégal la Cochinchine a un conseil colonial. Il se compose de seize membres. Six citoyens français élus au suffrage universel par des citoyens français, six membres indigènes, deux membres du conseil privé nommés par décret, deux membres délégués par la chambre de commerce et élus dans son sein.

Les membres indigènes sont élus dans chaque circonscription par un collège composé d'un délégué de chaque municipalité désigné par le suffrage des notables.

Le lieutenant gouverneur de la Cochinchine est placé sous les ordres du gouverneur général de l'Indo-Chine. Celui-ci étend également son autorité sur l'Annam, le Tonkin et le Cambodge. Ce sont trois pays de protectorat.

Jusqu'au gouverneur actuel M. Doumer, les fonctionnaires français s'étaient contentés de surveiller l'administration indigène. Un des prédécesseurs de M. Doumer M. de Lanessan avait administré uniquement par l'intermédiaire des mandarins, mais, M. Doumer a resserré partout les liens du protectorat. En ce qui concerne particulièrement le Tonkin, il a établi l'administration directe des agents français en renvoyant à Hué le gouverneur annamite et en supprimant les

mandarins. En Annam et au Cambodge, il s'est contenté
de faire présider le conseil des ministres par le résident
de France et d'exiger le visa de celui-ci pour la validité
de toutes les ordonnances royales.

Les villages de l'Annam et du Tonkin sont constitués
en communes annamites comme ceux de la Cochinchine.

Les tribus du Laos ont à leur tête leurs anciens chefs
héréditaires, c'est M. de Lanessan qui les leur a rendus
après avoir retiré les mandarins auxquels on les avait
soumises.

Les établissements de l'Océanie ont un conseil général pour l'élection duquel les indigènes exercent le droit
de vote,

Ce droit de vote n'a d'abord été donné qu'à ceux de
l'ancien royaume de Pomaré puis il a été étendu à ceux
des Iles Marquises et autres archipels. Toutefois il n'en
jouissent que dans les districts où l'état-civil est régulièrement organisé.

Les indigènes ont le droit de voter non seulement
pour l'élection des conseillers généraux, mais aussi pour
celles d'un délégué au conseil supérieur des colonies.

Il faut dire que si les indigènes des établissements
français de l'Océanie ne sont pas soumis à toutes les
lois françaises leur assimilation principalement en ce
qui concerne Taïti n'est plus qu'une affaire de temps.

Il y a une commune de plein exercice à Papaëte,
naturellement les indigènes prennent part à l'élection du
conseil municipal.

Les autres parties de la colonie sont divisées en

district à la tête desquels se trouvent des conseils de districts élus, les indigènes prennent part à l'élection de ces conseils.

En Nouvelle-Calédonie les Canaques renfermés dans des réserves continuent à obéir à leurs anciens chefs, ceux-ci sont contrôlés par les administrateurs français.

TROISIÈME PARTIE

CHAPITRE UNIQUE

PROJETS DE RÉFORMES ET VUES D'AVENIR

Notre empire colonial contient des populations d'origines et de mœurs absolument différentes. Parmi ces populations, il y en a qui sont encore plongées dans la sauvagerie ou la barbarie, tel est le cas des Canaques de la Nouvelle-Calédonie et des nègres du Congo. Il y en a d'autres au contraire qui ont derrière elles un passé qu'on peut glorifier de glorieux et qui représente une civilisation assez avancée. C'est le cas des Arabes ou Berbères de l'Algérie, des Indous de Pondichéry et des Annamites et Cambodgiens de l'Indo-Chine.

Il ne faudrait pas croire, comme on serait tenté de le penser tout d'abord, que ceux qu'il sera le plus facile de nous assimiler soient ceux qui appartiennent à des races déjà civilisées.

Au contraire, ces peuples qui ont un certain sentiment de leur nationalité et qui ont une certaine civilisation, hésiteront à abandonner leur nationalité et leur civilisation pour prendre notre nationalité et nos mœurs.

Tandis que les peuples plus jeunes qui n'ont pas encore d'histoire et qui ont été jusqu'à présent des sauvages, pourront, en se civilisant, adopter nos mœurs et nos lois et en arriver à considérer la France comme leur patrie.

C'est du reste ce qui s'est déjà passé pour les anciens esclaves affranchis de la Martinique, de la Guadeloupe et de la Réunion.

C'est ce qui arrivera, espérons-le, pour les indigènes du Congo et du Dahomey.

Au Soudan et au Sénégal, nous rencontrons un obstacle dans la religion musulmane. Mais il semble que les indigènes de ces deux colonies ont adopté cette religion trop récemment pour qu'ils puissent être considérés comme des peuples de civilisation musulmane.

On peut donc préjuger que l'assimilation y sera assez facile.

Les Arabes et les Berbères d'Algérie ont une civilisation très ancienne qui, à un moment donné, a jeté dans le monde un vif éclat.

Ce sont les Arabes qui ont inventé les chiffres dont nous nous servons et les pendules pour lesquelles nous faisons justement usage des chiffres romains. Enfin ils ont le sentiment de leur race, mais peut-on dire que ce soit un sentiment national et peut-on aller jusqu'à l'appeler du patriotisme.

Nous ne le pensons pas; en effet, les Musulmans de tous les pays du monde se considèrent comme formant un seul tout, bien qu'ils obéissent à des gouvernements différents et qu'ils appartiennent à des races absolument séparées.

Par conséquent ce n'est pas là du patriotisme, il convient plutôt de dire que chez eux le sentiment religieux remplace le sentiment national.

Dans ces conditions, on peut espérer arriver à faire la séparation de ces deux sentiments patriotique et religieux, autrement dit à faire moralement la séparation de l'Église et de l'État, et quand le Mahométisme ne sera plus pour eux qu'une religion, ils pourront arriver à considérer la France comme leur patrie.

Quant aux Indous de Pondichéry, ils ont eu jadis une civilisation remarquable et ils ont, jusqu'à un certain point une nationalité, mais pour la plupart d'entre eux cette nationalité et cette civilisation ont été fort oppressives.

On n'a qu'à se reporter à ce sujet à ce que nous avons dit à propos des castes. Pour la plupart d'entre eux, l'entrée dans la société française sera un affranchissement. C'est du reste ce qui est déjà arrivé pour les Indiens renonçants.

Nous arrivons maintenant aux Indo-Chinois, Annamites et Cambodgiens le problème est plus difficile en ce qui les concerne, car ils appartiennent à une civilisation très ancienne et ont une nationalité qui l'est également. Le culte des ancêtres maintient les traditions du passé. On pourra peut-être arriver à transformer leurs lois actuelles en lois françaises, mais il sera bien difficile d'arriver à leur donner des sentiments français.

Les malgaches ont depuis quelque temps une certaine civilisation, mais cette civilisation est d'origine européenne. On peut donc espérer dans ces conditions que l'assimilation ne sera qu'une affaire de temps. Les indigènes des établissements français de l'Océanie ne demandent qu'à s'européaniser du reste en ce qui concerne spécialement les habitants de Taïti l'assimilation est à peu près faite.

Plusieurs propositions ont été faites tendant à naturaliser en masse les indigènes algériens.

Tel était à peu près le sens d'une proposition que M. Martineau fit à la Chambre en 1889.

Ce projet ne naturalisait pas immédiatement tous les indigènes, mais il rendait la naturalisation obligatoire.

1° Pour ceux qui étaient domiciliés dans les communes de plein exercice.

2° Pour tous ceux qui naîtraient après la promulgation de la loi.

3° Pour tous ceux munis d'un diplôme.

4° Pour tous ceux qui auraient servi pendant un certain temps dans l'armée ou qui auraient exercé un emploi civil.

Si ce projet ne naturalisait pas immédiatement et en masse tous les indigènes algériens, il ne les naturalisait pas moins très rapidement et les obligeait à abandonner dans un temps très rapproché leur statut personnel et successoral.

Mais si M. Martineau ne consultait pas les indigènes algériens, ceux-ci ne se firent pas faute de protester. Voici en effet ce que disaient à ce sujet les indigènes de Tlemcen : « Certes c'est là un but inspiré par les meilleures intentions, nous en sommes profondément reconnaissants, mais comme tous ces desseins contrarient notre foi et contrarient ce qu'il y a d'essentiel en nous, nous ne donnons pas notre consentement à ces modi-

fications projetées dans notre société, nous ne sacrifie-
rons pas notre religion. « Les indigènes ont toujours
été opposés à tout projet de naturalisation en bloc. Un
cadi disait en 1891 devant la commission sénatoriale
qui visitait l'Algérie : « Nous ne voulons pas la naturalisation en bloc. »

Disons que ce n'est pas seulement leur religion qui
empêche les indigènes algériens d'accepter la qualité de
Français, c'est aussi leur attachement à leurs mœurs et
à leurs lois qui leur viennent en grande partie de leurs
mœurs.

Ainsi chez les Kabyles, d'anciennes coutumes l'em-
portent souvent sur le Coran en ce qui concerne le statut
personnel et les successions. Mais comme nous l'avons
déjà dit, s'il n'ont pas voulu accepter entièrement le
Coran, qui se présentait à eux avec un caractère religieux, comment leur faire accepter le code civil qui n'a
pas ce caractère et qui s'éloigne, sur certains points, des
anciennes coutumes bien davantage encore que le Coran.

Et ce qui vient d'être dit des indigènes algériens peut
se redire pour les mêmes motifs ou pour des motifs analogues des indigènes des autres colonies.

Qu'il s'agisse de peuples n'ayant encore aucune civilisation ou de peuples ayant une civilisation différente
de la nôtre, il est absolument impossible de changer tout
d'un coup les mœurs et les lois des indigènes pour en
faire sans préparation des Français. Si l'on ne peut ainsi
que nous venons de le dire, transformer tout d'un coup
les mœurs et les lois des indigènes d'un coup de ba-
guette magique pour faire d'eux des citoyens Français,
nous pensons néanmoins que l'on peut agir sur eux et
cela de deux façons.

18 c.

D'abord par une action lente et progressive pour modifier leurs mœurs et leurs lois, secondement par des naturalisations individuelles.

En ce qui concerne l'action lente et progressive vis-à-vis des indigènes de nos colonies qui sont musulmans, il faut d'abord tâcher de leur démontrer que nous ne cherchons nullement à leur enlever leur religion, et pour cela, il faut arriver à leur faire distinguer ce qui est du ressort de la loi et ce qui est du ressort de la religion.

Pour cette œuvre nous devons chercher à attirer à nous le clergé musulman régulier. On pourrait ainsi diminuer l'influence des ordres religieux dont nous avons parlé dans la première partie de cet ouvrage. En Algérie la plupart des musulmans ne possèdent ni mosquées, ni membres du clergé régulier dans leur voisinage. Si on créait des mosquées et si on les faisait desservir par les membres du clergé régulier, l'influence des ordres religieux diminuerait d'autant.

Du reste parmi ces confréries religieuses, il en est qui ne nous sont pas absolument hostiles, on pourrait confier à des membres de ces dernières le soin de desservir les mosquées.

En Tunisie, la hiérarchie du clergé musulman a été respectée, il faudrait la rétablir en Algérie.

La première chose à faire pour modifier la loi civile musulmane serait de la codifier. Nous avons déjà vu que les quatre rites Hanéfites, Maléchites, Chaffeites et Hanbalites, sont considérées par les musulmans comme également orthodoxes.

Par conséquent rien n'empêcherait de réunir leurs différentes doctrines dans le nouveau code et sur chaque question particulière on appliquerait celui dont la solution se rapprocherait le plus de la loi française.

Ainsi par exemple, en ce qui concerne la puberté, les Hanéfites la placent à quinze ans et les Maléchites à dix-huit, comme c'est l'âge donné par les Maléchites, qui concorde sur ce point avec la loi française, le code appliquerait dans cette question la doctrine maléchite. Au contraire, les Maléchites continuent à soumettre la fille pubère au droit de Djebre, les Hanéfites l'en affranchissent. Sur ce second point le code appliquerait la solution Hanéfite.

Mais il faut que ce code soit rédigé non par des français, mais par des mulsulmans ou par une commission mixte.

Une commission a été nommée à cet effet en Tunisie. Comme la Tunisie a un souverain musulman, le bey, la soumission des musulmans paraît devoir être assurée si on lui fait promulguer ce code. Et comme sa décision aura été revêtue du visa de l'autorité française, on pourra étendre ensuite les règles de ce code aux Musulmans algériens et aux indigènes de toutes les colonies qui sont soumis au droit musulman.

Pour les musulmans du Mzab, qui ne sont pas Sonnites mais Ibadites, il faudra rédiger un code spécial.

Une fois que ce code sera rédigé en se rapprochant le plus possible de notre code civil on pourra s'occuper de le modifier et de restreindre le plus possible son champ d'application.

Les seules questions qui soient véritablement réglées

par le Coran sont le mariage et les successions, on pourrait assez facilement restreindre le domaine de la loi musulmane à ces deux questions c'est ce qui du reste a déjà lieu au Sénégal. Une fois cela fait ; en ce qui concerne le mariage on pourra faire remarquer aux Musulmans que si le Coran leur permet la polygamie il ne la leur ordonne pas et qu'il ne fait que tolérer la répudiation puisqu'à son égard le prophète s'exprime en ces termes. « La répudiation est parmi les choses permises celle que Dieu a le plus en horreur ». On pourra donc arriver dans un temps plus ou moins éloigné ou l'on pourra faire abandonner aux Musulmans la polygamie et la répudiation.

Il ne restera plus alors que les formes du mariage civil. Mais il n'y a pas que la religion musulmane qui règle le mariage, il en est de même de toutes les religions.

Or les catholiques, les protestants et les israélites passent par la mairie, avant d'aller à l'église, au temple ou à la synagogue il pourrait en être de même des Musulmans.

Restent les successions, il est certain qu'il ne peut pas y avoir deux sortes de successions les successions civiles et les successions religieuses comme il y a le mariage civil et le mariage religieux. Mais en ce qui concerne les collatéraux, la loi française accorde la liberté de tester. Rien n'empêcherait donc un de cujus musulman de reproduire dans son testament le texte de la loi musulmane.

En ce qui concerne les successions en ligne directe la loi musulmane ne donne à la fille que la moitié de ce qu'elle donne au fils. Mais les coutumes Kabyles ont dérogé au Coran pour enlever cette part à la fille, et les Kabyles n'en sont pas moins considérés comme des Musulmans orthodoxes. Or si on peut déroger au Coran dans un sens on peut y déroger en sens contraire.

Ce qui peut se faire pour les indigènes soumis au Coran peut se faire pour les autres surtout pour ceux qui sont soumis à des coutumes n'ayant aucun caractère religieux.

C'est surtout par le développement de l'instruction que l'on arrivera à l'assimilation morale qui est encore beaucoup plus importante que l'assimilation légale.

Nous avons déjà dit qu'elle serait facile chez les indigènes n'ayant encore aucune civilisation et que pour y arriver chez les Musulmans il faudrait leur apprendre à distinguer le sentiment patriotique du sentiment religieux.

Quand l'assimilation au point de vue des lois civiles et au point de vue moral sera complète, il n'y aura plus qu'à soustraire les indigènes aux mesures exceptionnelles, telles que pouvoir extraordinaire des administrateurs, séquestre, responsabilité collective, et ensuite à leur accorder tous les droits politiques pour en faire complétement des citoyens français.

Mais en attendant le jour qui se perd dans le lointain de l'avenir on peut toujours chercher à augmenter le nombre des naturalisations individuelles.

Pour cela faut-il étendre à toutes les colonies et principalement à l'Algérie le système des renonciations en vigueur dans l'Inde. Ce système est possible et même nécessaire dans l'Inde où là il s'agit de venir en aide aux castes inférieures opprimées par les castes supérieures, ailleurs il faut noter que les scrupules religieux ou le respect des coutumes ancestrales qui retiennent beaucoup d'indigènes sont des sentiments très honorables et il serait à craindre que ceux qui profiteraient du droit de renoncer ne soient la partie la moins honorable de la population.

Or ce qu'il faut c'est faire du titre de citoyen français un titre d'honneur comme autrefois du titre de citoyen romain.

On pourrait cependant accorder le droit de renoncer à certaines catégories d'indigènes, par exemple à ceux qui auraient, pendant un certain temps servi la France dans l'armée, à ceux qui seraient munis d'un diplôme universitaire, à ceux qui auraient représenté leurs compatriotes dans les conseils locaux.

Mais en attendant que l'on ait modifié les coutumes et les lois indigènes tout en multipliant les naturalisations individuelles, quelles seraient les réformes pratiques que l'on pourrait faire.

Certains ont proposé d'accorder des droits politiques aux indigènes tout en leur laissant le statut personnel. C'était ce que demandait M. Pierre Alype.

Nous avons suffisamment réfuté cette opinion pour ne pas avoir à y revenir. D'autres voudraient que l'on accorde aux indigènes et notamment à ceux de l'Algérie des droits; politiques en ce sens qu'ils s'étendraient à toutes les élections même législatives; mais locaux; en cet autre sens qu'ils ne s'exerceraient que dans la colonie. Ce sont des droits de ce genre que possèdent les indigènes du Sénégal et de l'Inde française.

C'est encore aller trop loin à notre avis du moment où l'on n'est pas soumis à toutes lois françaises, on ne doit pas contribuer à les faire.

Nous ne sommes pas, pour notre part les adversaires des droits électoraux que l'on pourrait accorder aux indigènes mais cela à trois conditions.

1° Que ce soient des droits strictement locaux, c'est-à-dire de participer à l'élection des assemblées locales.

2° Que la liste des électeurs indigènes soit séparée de la liste des citoyens français.

3° Que les représentants des indigènes soient toujours en minorité.

Cela dit nous serions d'avis que l'on augmente les droits des indigènes notamment des indigènes algériens.

Ainsi on pourrait accorder aux conseillers municipaux indigènes le droit de voter pour l'élection des maires dans les communes de plein exercice. On pourrait faire élire les conseillers généraux musulmans par leurs coreligionnaires. Nous trouvons que cette élection devrait avoir lieu à deux degrés, les indigènes des communes de plein exercice seraient seuls représentés, ce qui intéresserait les musulmans au développement de la colonisation française.

Les électeurs indigènes éliraient dans chaque commune un certain nombre de délégués et ces délégués choisiraient à leur tour un nombre fixe de conseillers généraux.

On a vu plus haut le décret concernant les délégations financières.

Suivant nous, ce décret ne répond à rien, d'abord ces délégations n'ont aucune utilité, en outre la représentation française y est très mal organisée puisqu'elle est élue au suffrage restreint, étant donné que pour être électeur, il faut être cultivateur ou contribuable, en outre les Français sont divisés par profession comme à Florence, au moyen-âge.

Quant à la délégation indigène, elle est encore plus mal organisée puisque comme électeurs indigènes oe voit figurer à côté des conseillers municipaux des communes de plein exercice élus par leur coreligionnaires les membres indigènes des commissions municipales des communes mixtes ; or, ces derniers sont nommés par l'administration, n'est-ce pas le comble de la candidature officielle.

Les membres de la délégation financière, y compris ceux de la délégation indigène sont représentés dans le conseil supérieur de l'Algérie, ajoutés aux représentants des conseils généraux, cela fait un certain nombre de membres élus dans le conseil supérieur, mais cela n'empêche pas ce conseil d'être composé en majorité de fonctionnaires.

Nous aurions été tout simplement d'avis qu'après avoir donné aux indigènes musulmans le droit d'élire leurs représentants dans les conseils généraux on forme un conseil supérieur composé de tous les conseillers généraux français et indigènes des trois départements algériens.

On pourrait en outre accorder voix délibérative aux conseillers prud'hommes indigènes qui n'ont jusqu'à présent que voix consultative. On pourrait aussi accorder aux commerçants indigènes des représentants dans les tribunaux de commerce.

Ce sont là des droits que l'on pourrait accorder immédiatement aux indigènes algériens et que l'on pourrait étendre dans la suite à ceux des autres colonies en tenant compte pour chacune d'elle du plus ou moins grand dégré de civilisation auquel elle est arrivée.

Quant aux règles répressives spéciales à l'indigénat telles que le séquestre, la responsabilité collective, les pouvoirs extraordinaires des administrateurs, nous pensons qu'il faudra les maintenir longtemps encore il est cependant certain qu'il arrivera un jour où il faudra les abroger.

En Algérie, la responsabilité collective devra être maintenue tant que l'individu ne sera pas dégagé d'avantage du douar ou de la tribu.

Les commissions disciplinaires disparaîtront avec le territoire militaire. Le jour où les communes mixtes disparaîtront à leur tour et où tout le territoire algérien sera divisé en communes de plein exercice la répression des infractions spéciales à l'indigénat passera entièrement sous la juridiction des juges de paix.

Quelque temps après on pourra supprimer ces infractions spéciales à l'indigénat pour soumettre complétement en matière répressive les indigènes au droit commun.

Et là aussi ce que nous disons de l'Algérie peut s'appliquer à toutes les colonies, il y en a même où l'on pourra plus tôt qu'en Algérie, soumettre les indigènes au droit commun en matière répressive.

Et comme nous l'avons déjà dit plus haut lorsque les indigènes seront délivrés de toute règle répressive spéciale et lorsque d'autre part ils seront soumis à toutes nos lois civiles, il ne restera plus qu'à leur accorder des droits politiques pour en faire non seulement des Français mais des citoyens français.

CONCLUSION

Notre conclusion sera brève.

Arriver lentement et progressivement à l'assimilation complète des indigènes tant au point de vue des lois civiles, des lois pénales que des lois politiques de toutes les lois en général, et non seulement au point de vue des lois mais au point de vue des mœurs et surtout des sentiments, tel est le but que la France doit poursuivre.

C'est là un idéal qui ne nous semble pas au-dessus de ses forces et que nous jugeons digne d'elle.

Mais il est bien entendu que tout cela doit se faire lentement et sans froissement. La civilisation française ne s'est pas formée en un jour. Les plus grands ennemis de cette assimilation des indigènes sont peut-être encore ceux qui prétendent la réaliser d'un seul coup et qui ont l'air de croire qu'il suffit au législateur de décréter une naturalisation en masse pour faire des indigènes des français. C'est moins par des lois qui n'ont prise que sur la personne physique que par la propagande morale que l'on doit agir.

Vu : Le président de la thèse,

ESTOUBLON.

Vu : Le Doyen,

GARSONNET.

Vu et permis d'imprimer :

Le Vice-Recteur de l'Académie de Paris,

GRÉARD.

TABLE DES MATIÈRES

BUZANÇAIS (INDRE). IMP. DEVERDUN ET JAGUIN.